陪孩子走过小学六年

丽罡 著

台海出版社

图书在版编目(CIP)数据

陪孩子走过小学六年 / 丽罡著. —北京：台海出版社，2018.9（2021.3 重印）

ISBN 978-7-5168-1802-2

Ⅰ.①陪… Ⅱ.①丽… Ⅲ.①小学生—家庭教育 Ⅳ.① G782

中国版本图书馆 CIP 数据核字(2018)第 211658 号

陪孩子走过小学六年

著　　者：丽　罡

责任编辑：员晓博　　　　装帧设计：A BOOK STUDIO 萝卜Design 1092801781

版式设计：新视点

出版发行：台海出版社

地　址：北京市东城区景山东街20号　　邮政编码：100009

电　话：010-64041652（发行，邮购）

传　真：010-84045799（总编室）

网　址：www.taimeng.org.cn/thcbs/default.htm

E-mail：thcbs@126.com

经　销：全国各地新华书店

印　刷：三河市兴达印务有限公司

本书如有破损、缺页、装订错误，请与本社联系调换

开　本：710 mm × 1000 mm　1/16

字　数：229 千字　　印　张：15

版　次：2018 年 9 月 第 1 版　　印　次：2021 年 3 月 第 2 次印刷

书　号：ISBN　978-7-5168-1802-2

定　价：45.00 元

前 言

小学教育是基础教育，是孩子第一次系统地接受书本传授，也是培养好的习惯和各种能力的关键时期。这是一个承前启后的阶段，基础打好了，未来会走得更好。“小学是孩子成长的重要起点，这六年决定和影响了人生后面的六十年。”那么，小学基础怎么打才好呢？

当前，不少父母教育孩子存在两种误区：一是提倡快乐童年，完全放养教育；二是严厉管教，盲目跟风上各种培优班、辅导班。没有因材施教，或是拔苗助长的教育都是不科学的。什么是教育？一万个父母有一万个理解，但给孩子最好的教育，莫过于父母高质量的陪伴——陪伴就是最好的教育。

我们都知道“亲子陪伴”对于孩子的成长至关重要，尤其是小学阶段，孩子会经历此前没有过的情形，及时发现孩子在环境中、生活中、学习上乃至心理上的问题，循循善诱，协同解决，更有利于孩子集中精力投入紧张的学习之中，并且增强孩子的安全感、自信心、创造力等，提升孩子的综合素质。

如何陪孩子走过小学六年，是关乎孩子未来的关键。

小学六年，其实可以分为三个阶段：

一二年级为低段，这是孩子极其依赖父母的时期，也是孩子的学习习惯、学习态度从可塑性强转向逐渐定型的重要过渡阶段。

三四年级为中段，是孩子由依赖父母到自立能力增强的转型时期，孩子的记忆力、理解能力、思维能力快速发展，是大脑智力开发的黄金时期。

五六年级为高段，孩子的个性更为独立，学习内容更复杂，加上孩子自身心理和能力的发展，学会合理安排和规划是极为重要的。

陪伴不是时刻守护在孩子身边，不是事无巨细照顾周全，而是习惯上正确引导，塑造优秀品格；课业上专业辅导，有效提高成绩……本书从培养学习兴趣、塑造行为习惯、讲究学习方法、自我调控情绪等多个方面帮助孩子从无意识地去学、去做，到有意识地去学、去做，而这就是孩子自我成长的标志。

教育，就是在一个个细节中完成的，处理好孩子成长过程的点点滴滴，把深深的爱化作涓涓细流！相信，在父母的言传身教和默默陪伴下，孩子在小学六年一定能够把各个方面的基础都打扎实，而且会延续、会拓展，好的基础伴随孩子从初中、高中到大学，最终走向社会，终身受益。

生命，是一个成长的过程；

成长，是一个等待的过程。

成功的教育，

就是让孩子像野花一样

自然成长，慢慢绽放。

启蒙关键期（低年级）

Chapter 3
无规矩不成方圆，好习惯越早培养越好

Chapter 4
礼，是人与人之间最优美的距离

目录
CONTENTS

衔接优化期（中年级）

Chapter 5
有些能力，是我所能想到的，留给你最好的家产

Chapter 6
一切知识中最有价值的是关于方法的知识

Chapter 7
越难的事情越有冒险的价值

Chapter 8
好品性是生命的守护神，我们要尽量去接近

成长黄金期（高年级）

Chapter 9
不要怕，成长的烦恼是一项成人礼

Chapter 10
可以有小情绪，重要的是稳定它

Chapter 11
你看那江河湖海，到处都是千帆竞渡

Chapter 12
学霸，拼的不是智商，而是效率

启蒙关键期

低年级

Chapter 1
我能想到最浪漫的事，就是陪你玩个够

一二年级的孩子正是贪玩的年纪，剥夺孩子玩的时间和权利，就等于剥夺孩子学习成长的机会。与其禁止，不如陪伴。投入孩子的游戏中去，陪孩子一起乐他所乐，并在这个过程中加以引导，激发孩子的潜在能力和创造力。让孩子不是为玩而玩，而是要玩出名堂来，这就是高质量的陪伴。

鼓励孩子的“十万个为什么”

果果妈妈去给上一年级的果果开家长会时，班主任陈老师告诉果果妈妈说：“果果是个很乖巧的孩子，就是性格有些内向，胆子有点儿小，不敢问老师问题。这样下去对学习是很不利的，老师要教一个班的学生，不可能对每一个学生的情况都了如指掌，如果学生遇到不懂的问题，又不主动提出来的话，老师就不知道学生对这些知识点的掌握情况，久而久之，什么问题都一知半解，学习是很难进步的。”

听了老师的话，果果妈妈觉得很吃惊，小时候的果果可是个“问题宝宝”，不管见着什么都喜欢问一句“为什么”。比如见到灶上的水开了，果果就要问，为什么水开了要冒泡？见到冰箱里结了冰，果果就要问，为什么冰箱里头会结冰？见到墙上的时钟“滴滴答答”走，果果就要问，为什么时钟上的指针会自己走？就连傍晚去散步，见着夕阳下的大树，果果也要问上一句，为什么大树的影子比大树还要长得多……

一开始，果果妈妈还是很有耐性的，不管果果问什么，都会一一给她解答，如果遇上自己也不知道的问题，还会特意翻家里的百科全书，或者上网寻求答案。可是果果的问题实在太多了，有时遇上事情多的时候，果果妈妈也没有那么多的时间和精力再去回答果果这些莫名其妙的问题，不免就会搪塞几句。

尤其是有一段时间，果果妈妈好不容易有了一个升职的机会，为了顺利通过领导考核，真是忙得天昏地暗，那时候就更没有精力去应付果果这个“问题宝宝”了，以至于有好几次，听到果果不停地问这问那时，果果妈妈都忍不住训斥了果果。好像就是自那段时间之后，果果就彻底改掉了这个“毛病”，再不会整天问东问西了。那时候，果果妈妈忙着处理工作上的事情，果果爸爸又总是出差，谁也没在意家里的“问题宝宝”不再问问题这件事，反而还乐得轻松……

回想起那时候的事情，果果妈妈别提多后悔了，怎么也没想到，自己一时的敷衍，竟对孩子造成了这样的伤害，让一个活泼可爱、对世界充满好奇的“问题宝宝”变成了如今这样“乖巧”内向，即便有了问题也不敢轻易问出口的孩子。

好奇是人类的天性，尤其是涉世未深的孩子，这世上的一切对于他们来说，都是那样新奇而有趣，一直吸引着他们去了解、去探索。所以，孩子们总是有很多很多的问题，这些问题在家长们看来可能并没有什么意义，有的问题甚至显得有些可笑，因此，很多家长在空闲时可能不介意分出一些时间和精力来和孩子逗逗趣，但一旦有事缠身或者心情不佳，就难免会显得有些不耐烦，甚至粗暴地训斥孩子：“去去去，别整天问东问西的！”

其实，孩子乐于提问，说明他们喜欢学习、爱动脑筋去思考问题，有着旺盛的求知欲。父母如果因此而训斥他们，往往会打击他们的学习积极性，甚至扼杀孩子的好奇心。这对孩子未来的学习与发展都是极为不利的。

古往今来，但凡是那些能够在学业或事业上取得成功的人，无一不是勤学又好问的，就像古人说的，这学问学问，那便是勤学好问。若是不懂问、不能问、不会问，那又怎么能有所提升呢？

早在一百多年前，德国著名的教育学家福禄贝尔就曾说过：“渴望知识的孩子，总会接二连三地提出问题——怎么样？为什么？什么时候？做什么？是什么？——任何一个能够稍微满足孩子的答案，都能给孩子开拓一个新的世界，而孩子正是分别地从各方面学到语言，并将其作为认识客观世界的媒介的。”

所以，对于孩子提出的问题，家长都应该以积极的态度去应对，这对帮助孩子客观认识世界，获取知识有着非常重要的帮助，还能促进孩子语言的丰富和发展，对孩子的学习和成长都有着非常重大的意义。

• 鼓励孩子细心观察，大胆提问

小学一二年级是孩子的启蒙关键期，家长要鼓励孩子多学习、多思考。在这个年纪，孩子很容易会被生活中的许多新奇事物所吸引，家长可以利用这一点，引导孩子细心观察生活中的一切事物，并通过自己的观察和思考，大胆地提出问题。

著名的教育学家陶行知先生就曾说过：“小孩子是再大无比的一个发明家”“发明千千万，起点是一问……人力胜天工，只在每事问。”所以，家长一定要保护好孩子的求知欲和探索欲，用积极认真的态度面对孩子提出的一切问题，即便那些问题或许有些天马行空，家长也不应该敷衍应对，甚至教训斥责。

• 让孩子的探索更进一步

小学一二年级的孩子思维往往都比较跳跃，很多时候都不按常理出牌，即便是在问问题的时候，所关注的重点也偶尔会让家长觉得匪夷所思。在这种时候，家长不要忙着纠正或压制孩子，而应该耐心听取孩子的问题，了解孩子的想法，然后鼓励并引导孩子更深入地进行思考，让孩子的探索更进一步。

其实，孩子的很多“为什么”并不一定是要去追究事物背后的道理，他们只是希望能够从家长那里得到一个说法和解释，所以，相比孩子问的问题来说，保护他们对世界的好奇心和探索欲更加重要。

• 满足孩子在学习方面的自尊心

年幼的孩子不管是从知识结构还是思维能力来说，与成年人都是没有可比性的，这就要求家长在陪伴孩子成长的时候，一定要有足够的耐性。尤其是在学习方面，家长一定要注意，满足孩子的自尊心，鼓励孩子去学习和探索，而不是用不恰当的言语伤害孩子，打击孩子的学习积极性。比如“你怎么连这个都不懂”“讲了半天你怎么就是听不懂”“你怎么那么笨”之类的言语是绝对不应该对孩子说的。只有保护了孩子的自尊心，孩子才能在成长中逐渐养成面对问题尽力探索的好习惯，而不会对一切问题都不求甚解。

大自然是一本无字书

失败的婚姻让刘先生失去了太太，也让刚上一年级的女儿笑笑失去了完整的家庭。原本笑笑就是个内向羞怯的孩子，如今变得更加沉默寡言了，不愿意出门，也不愿意和其他小朋友一起玩，这让刘先生感到既心疼又愧疚。

刘先生也试过努力和女儿沟通，想要走进笑笑的内心世界，帮助她重新找回灿烂的笑容。但不管刘先生怎么努力，却始终无法打开笑笑的心房。笑笑始终把自己封闭在孤独的世界里，不哭也不闹。

一次偶然的机会下，刘先生在杂志上看到一篇文章，讲述的是西方著名的教育家威特先生和他儿子小威特的故事。小威特天生就和其他孩子不一样，智商方面有一些问题，为了让儿子成才，威特先生付出了很多努力。威特先生认为，与其对孩子进行填鸭式的教育，倒不如让他们亲近大自然，多听多看，开阔视野。因此，他从来不会逼迫小威特去学习什么或者记忆什么，而是利用一切机会带小威特四处游历，增长见识。

只要一有时间，威特先生就会带着小威特出门，参观博物馆、美术馆、植物园、动物园、工厂、矿山……只要是威特先生去的地方，就一定会出现小威特的身影。

等到小威特3岁的时候，威特先生就开始带他去各个地方旅行，到5岁的时候，小威特的足迹几乎已经遍布德国所有的大城市。他们一起登山，游览名胜，寻找古迹，凭吊古战场。威特先生给儿子讲述沿途的风景，讲述曾经发生的历史故事，并鼓励儿子将旅途中的所见所闻都写在信里，寄给妈妈和朋友。

在威特先生的精心培养下，小威特在八九岁的时候已经掌握了6门不同的语言，而且有着丰富的自然科学知识。最令人惊讶的是，年仅9岁的小威特收到了莱比锡大学的录取通知书，不到14岁就顺利获得了哲学博士学位，刚满16岁就获得了法学博士学位，并成为柏林大学的法学教授。

这个小威特就是19世纪德国的著名天才卡尔·威特先生，曾发表过《但丁的误解》一书，是学术界研究但丁的权威。人们将他誉为天才，可谁又知道，取得这样惊人成就的他不仅不曾拥有高超的天赋，反而还曾被断定为“低能儿”。

威特父子的故事让刘先生深感震撼，他决定效仿威特先生，多带笑笑亲近大自然，让自由的空气帮助笑笑驱散心中的阴霾。自此之后，刘先生每个周末都会带着笑笑出门，或者去爬山，或者去植物园，渐渐地，笑笑有了笑容，也会主动询问爸爸路上见到的植物、动物都是些什么。现在，笑笑已经比过去开朗了许多，在班级里也有了新的朋友。

西方的一些教育专家曾做过一项调查，发现在大自然怀抱中成长起来的孩子，往往要比那些很少接触大自然的孩子拥有更丰富的个性和更敏锐的触觉，同时也更具创造力。如果一个孩子的生活环境非常单调，并且在童年时期很少接触大自然，那么他的个性就会受到压抑，容易变得郁郁寡欢，交际能力也会受到影响，甚至出现抑郁、自闭等心理疾病。

就孩子的天性来说，他们都是亲近自然的，大自然里的一草一木、一沙一石对于孩子来说，都有着天然的亲切感和吸引力。大自然就好像是一本无字书，虽然没有文字，却饱含着最丰富的知识和最精彩的故事。所以，想要让孩子茁壮成长，家长就不能总是把孩子圈在家里，而是应该带他们多多亲近自然，感受自由的空气，寻找并发现生活中美好的一面。

• 调动孩子多重感官，亲近自然，更要了解自然

家长想让孩子亲近大自然，就不能只是走马观花，而是应该帮助孩子调动各种感官，和他们一起去体验自然、发现自然，寻找大自然中一切有意思的东西。比如翠绿的草叶，缤纷的花朵；青草、泥土的味道，花朵、果实的芬芳；粗糙的树皮，棱角分明的石块……这一切都是独属于大自然的美好。这样的感受和体验不仅有助于孩子感官的发展，同时也能帮助孩子学会从多个方面去观察、体验大自然。

• 在大自然中培养孩子的观察力

为了培养孩子的观察力，让孩子更好地融入大自然，家长可以鼓励孩子去寻找并观察一种昆虫，并向孩子介绍这种昆虫的习性、特点等。也可以鼓励孩子自己动手制作一些昆虫的标本，甚至是“收养”一只小宠物，比如蝌蚪或者蜗牛，让孩子观察了解并总结它们的生活习性。

• 多给孩子讲述关于大自然的故事和知识

在投入大自然怀抱的同时，家长不妨多给孩子普及一些有关大自然的知识和故事，这样不仅能够帮助孩子获得更多的知识，同时还能培养孩子对大自然的情感，让孩子学会尊重自然、保护自然，当孩子能够对大自然产生亲切感和归属感的时候，自然就能体会到大自然的崇高和魅力了，这对孩子身心健康的发展都是大有裨益的。

• 切记不要急于求成，违背原本的初衷

我们带孩子亲近大自然的主要目的，是为了陶冶孩子的情操，让孩子能够在大自然的怀抱中自由自在地成长，而不是要去强迫孩子学会某种技能或知识。家长一定要意识到这一点，带孩子亲近自然不是一种教育方法，而是一种生活态度，是家长与孩子一同感受生活、体验生活，并提升自我的一个重要途径。所以，在带孩子亲近大自然的时候，家长一定要懂得抛弃功利心，不要急于求成，违背了原本的初衷。

拼装积木，动手又动脑

和其他同龄的男孩不一样，李旸是个不喜欢热闹，也不喜欢成群结队出去玩耍的孩子，在课余时间，他最大的爱好就是摆弄他的宝贝——积木。

李旸喜欢的积木可不是那种传统的普通木质积木，他喜欢的是动手又动脑的益智拼装积木，这种积木比普通的木质积木要复杂得多，也更具有可玩性。一个稍大些的拼装积木，其部件就有上千个，且都大同小异，即便是拼装的熟手，不仔细分辨，也是很难把这种积木拼装好的。

李旸第一次接触到这种益智拼装积木是在5岁的时候，他到一个小伙伴家里玩耍，那个小伙伴的亲戚送了他一盒这样的拼装积木，李旸立刻就爱上了这件小玩具，回家之后就告诉妈妈，他也想要一个那样的积木。

刚开始，妈妈还不是很明白儿子的意思，以为他想要的就是那种普通的木质积木，觉得那都是小孩子玩的东西，没什么意义，也就没有去理会。直到几天之后，一次偶然的机会，李旸看到电视里正在介绍这种益智拼装积木，便连忙指给妈妈看，这时妈妈才明白儿子想要的积木究竟是什么样子。仔细看了介绍之后，妈妈觉得这种玩具对开发孩子的智力很有帮助，于是立即下单给李旸买了两盒。

平时李旸其实并不热爱做手工，也不喜欢参加集体活动，妈妈一度为此感到非

常担心，觉得儿子兴趣爱好太少。但有了益智拼装积木之后，李旸的兴趣和热情顿时就被激发出来了，十几块大小不一的组件，在李旸手里来回翻转，不到半小时就拼装成了一个漂亮的立体小玩具。

之后，李旸的妈妈又陆陆续续给李旸买过许多的拼装积木，从小到大，从简单到复杂。小积木的部件只有十几块，大积木的部件多达上千块，图形也是千变万化，李旸都一一组装了起来。在校庆活动上，李旸组装的一个大型积木还被展览了出来，得到了老师和同学的一致赞誉。

李旸说："平时我没有什么其他爱好，就喜欢鼓捣这些小玩意儿。每次亲手组装好一个玩具，看着它们在我的书桌上，我都特别有成就感。"

如今，李旸妈妈还送李旸参加了少年宫新开的拼装玩具课程，在这里，李旸认识了许多志同道合的小伙伴，大家一起拼装了许多更大型的玩具。在这个过程中，李旸不仅增强了动手和动脑的能力，还在与小伙伴们进行交流、探讨和协作的过程中大大增强了自己的交际能力。

说起拼装积木，大部分家长的认识或许都还停留在传统的木质积木上，觉得这玩意儿不需要什么技术含量。但事实上，现在很多的益智积木和过去的传统积木已经完全不同了，它是一种全新的、更具技术含量的玩具，结合了积木与拼图的双重功能，有些较大并且较复杂的拼装积木，即便是大人也未必能够顺利完成。

想要成为一个拼装高手，首先需要的是持久的耐性与专注力，不能三心二意。一个益智积木，每个部分都具有很强的关联性，在拼装时需要一气呵成，如果中间停下，很有可能就会忘记之前拼装好的部分。此外，除了耐性和专注力之外，还必须具有很强的独立意识，要能够在拼装时看懂平面上绘制的立体形象，然后进行手脑协作，这样才能处理好每一个细节，完成积木的拼装。

可见，培养孩子对益智拼装积木的兴趣对孩子的学习和成长都是大有好处的。尤其是那些像李旸一样不喜欢热闹、不擅长交际的孩子，培养他们对拼装积木的兴趣，不仅能够培养他们的动手和动脑能力，还能帮助他们通过共同的兴趣爱好结识更多志同道合的小伙伴，从而提升自己的交际能力。

对于启蒙期的孩子来说，拼装积木对右脑的开发有着非常重要的帮助，并能有效地训练孩子的空间思维能力。在拼装积木的过程中，孩子的想象力与创造力都能够得到很好的训练。那么，家长该如何为孩子选择一款适合的拼装积木呢？

• 选择拼装积木，质量是关键

给孩子选择玩具，首要应该考虑的就是质量问题，孩子是非常脆弱的，玩具又是他们经常会接触的东西，如果质量不过关，就很容易会对孩子造成伤害。所以在给孩子选择拼装积木的时候，一定要注意积木的质量，家长应当选择做工精细、环保安全、有国标认证标志的玩具，绝对不能贪便宜而因小失大。

• 根据孩子年龄的不同，选择合适的拼装积木

益智拼装积木的种类是非常多的，不同类型的积木玩具，不管是从材质还是玩法上都有很大的不同，而不同类型的积木玩具，能够带给孩子的好处与功效也有着不同的偏重。

常见的比如金属磁力球搭建积木，可以利用小球之间的磁力，把小球一个个连接起来，创造出多种不同的形状，这对锻炼孩子的空间思维能力是非常有效的，能够让孩子充分认识到空间与部分之间的联系，懂得整体与部分之间的转换。而拼插构建模型类的积木则能让孩子在设计和构建玩具造型的过程中，充分发挥自己的想象力与创造力。

需要注意的是，除了考虑玩具的功效之外，家长在为孩子选择拼装积木时，也要考虑到这款拼装积木的复杂程度。通常来说，孩子年龄越小，为他选择的拼装积木难度就应该越低，否则很可能会打击孩子的积极性。

孩子，会玩才叫好

今年六岁的郭子是远近闻名的“神童”，不仅能把唐诗宋词倒背如流，还能随口说出流利的英文句子，此外，他还会弹钢琴、跳街舞、写大字，就连珠算都十分厉害，还在市里的小学组比赛中获过奖呢！

人人都说郭子聪明机智，可谁又能知道，为了这些“成就”，郭子到底失去了什么。从年幼时候，为了让郭子成才，郭子的父母就已经为他制订好了一套严苛的“成才训练计划”，把每天的时间都给安排得满满当当的。对郭子来说，从他有记忆的时候开始，他的生活中就没有“玩耍娱乐”，每天不是做不完的习题，背不完的诗歌单词，就是各种各样的才艺培训，弹钢琴、跳街舞、写大字……

每次郭子对父母说，想和小伙伴出去玩，父母就会告诉他“等做完这套题就能出去啦”，或者“等把这首曲子练会了就让你去玩”。但事实上呢，每次任务完成了，也到了该睡觉的时候，第二天又有新的任务要完成。在郭子的记忆里，和小伙伴一起出去玩这种事情，大概只会出现在梦里。

也正因为如此，郭子虽然“美名远播”，却连能一起玩耍的朋友都没有。一方面是他根本没有时间可以和朋友出去玩；另一方面则是他和同龄的孩子根本就没有共同语言，大家凑在一起讨论的动画片他从来没看过，大家凑在一块说的抓蛐蛐儿、钓鱼的趣事儿，他也压根儿没有过任何体验……

究竟什么样的教育才是最理想的呢？对于这个问题，始终没有一个标准答案。但至少有几点是所有教育专家都公认的，那就是真正理想的教育必定要尊重孩子的天性，让孩子在成长中能够保持善良的特性和对世界的信任，并充分开发孩子的潜能。

郭子的父母对郭子的教育并不成功，不可否认，郭子是个好学生，有着丰富的知识，但他同时也丢失了最重要的东西，那就是童年的乐趣、对世界的热情，以及珍贵的友谊。

试想一下，如果你的孩子才刚上幼儿园，就不再玩玩具，不喜欢和其他小朋友玩耍打闹，不看动画片，不去游乐场……每天都把时间花费在看书学习，认生字、算算术，足不出户，一心奔着考个好大学。对孩子来说，这样真的好吗？当孩子缺失了童年，早早就丢掉对世界的好奇与童稚时，他的人生又有何乐趣可言呢？

有些教育学家认为，中国的孩子压力特别大，当同龄的外国孩子享受着阳光与绿草，在大自然中自由自在地嬉戏时，中国的孩子却被父母禁锢在各种学习班和培训班里；当同龄的外国孩子还在笑闹涂鸦，动手制作自己感兴趣的小模型时，中国的孩子却已经背上沉重的书包，淹没在可怕的题海之中……

学习本该是一件快乐的事，可沉重的压力却让孩子在提起“学习”二字时，想到的只有老师愤怒的脸，学校繁重的作业，父母严厉的责骂以及补习班紧张的气氛。试想一下，在这样的情况之下，孩子怎么可能真心地喜欢上学习这件事呢？但如果在学习时，孩子体会到的是快乐，那么即便没有家长和老师的监督，孩子也会真正爱上学习，自觉主动地去学习。

孩童与成年人毕竟是不一样的，成年人会为了一些具体的目标去忍受学习的枯燥和艰辛，但孩童却无法做到这一点，他们远远没有成年人那样明确的目标性和功利心。所以，小孩子的学习，就该有小孩子的方式，只有真正做到寓教于乐，才能让孩子喜欢学习，愿意学习，从而真正爱上学习。

• **家长要懂得尊重孩子的天性**

每个孩子都有自己天生的特性，比如有的孩子喜好安静，有的孩子擅长交际，有的孩子性格内向，有的孩子天生闹腾……这些天生的特性其实并没有好坏之说，每一种特性都有自己的优势和劣势，作为父母，我们应该懂得尊重孩子的天性，并在接受的基础上，帮助孩子往更好的方向进行发展。如果强行扭转和压制，只会让孩子越来越痛苦，反而得不偿失。就好像一个孩子如果是左撇子，那么父母应该做的是在接受孩子使用左手的情况下，教会孩子同时使用右手，而不是非要扭转、压制孩子，不让他使用左手。

• **寓教于乐，劳逸结合，让孩子会学更会玩**

孩子的天性就是爱玩，年纪越小的孩子往往就越是贪玩，也越是缺乏自律性。作为父母，在教育孩子时，一定要做到寓教于乐，劳逸结合，让孩子有充足的时间玩耍，同时也有充足的时间学习，既不能过分约束孩子，也不应矫枉过正，对孩子放任自流。

最理想的教育绝不是强迫孩子变得“多才多艺”，但也不是让孩子随心所欲，毫无节制地疯玩。在早期教育中，我们应该着重培养孩子的学习意识，让孩子学会主动学习，并且爱上学习。

• **循序渐进，别给孩子太大压力**

教育孩子，最重要的就是要有耐性，每个孩子的学习能力和理解能力都有所不同，家长在教育孩子的时候，一定要懂得循序渐进，不要给孩子太大压力，以免引起孩子的反感，让孩子对学习这件事产生恐惧和厌恶。

通常来说，孩子往往都比较喜欢形象的东西，比如有色彩的东西就比没有色彩的东西更能吸引孩子的注意力，图片就比文字更能让孩子喜欢。针对这一特点，在教育孩子的时候，家长不妨试着投其所好。比如相比全是文字的世界名著来说，插图注音版的童话书显然更适合用来教育年幼的孩子。

在玩乐中教会孩子独立思考

刚上小学二年级的陈鑫是个非常聪明的孩子，在学习方面更是擅长举一反三，而这都得益于陈鑫妈妈平时对他的教育。

和其他家长不同，比起逼迫孩子去死记硬背一些知识点，陈鑫妈妈更重视培养陈鑫独立思考的能力。比如其他家长在给孩子讲睡前故事的时候，通常就是按照故事书逐字逐句地把内容给孩子念一遍，但陈鑫妈妈不同，她在给陈鑫讲故事的时候，比起故事内容本身，更注意引导陈鑫进行独立思考。

比如有一次，陈鑫妈妈给陈鑫讲著名的童话故事《灰姑娘》，故事讲完之后，陈鑫妈妈便问陈鑫："要是灰姑娘没能在12点之前坐上南瓜马车的话，会发生什么样的事情呢？"

陈鑫回想了一下故事情节，回答道："她会变回以前脏兮兮的样子，穿着旧的衣服呗。"

陈鑫妈妈点点头："是啊，要是在别人面前变成了这个样子，那可真是糟糕透顶了。所以说，守时真的很重要，和别人约定好什么时间做什么事，就一定要做到。"

陈鑫赶紧接着说道："还有，不能在别人面前穿脏衣服，要爱干净，不然大家都不会喜欢我！"

陈鑫妈妈笑道：“说得对，小鑫很聪明。那么我们再来想一想，为了让灰姑娘能够去参加舞会，除了仙女之外，还有谁帮助了她呢？”

陈鑫仔细想了想，回答道：“嗯，还有小老鼠、南瓜，还有那只狗！”

陈鑫妈妈说道：“对，因为有了这些小伙伴的帮助，灰姑娘才能顺利参加舞会，最后和王子走到一起。从这里，小鑫可以学到什么呢？”

陈鑫答道：“每个人都离不开朋友的帮助，所以我们也要学会去帮助别人。”

如果过分束缚了孩子的天性，将孩子局限在做题和考试中，就会让孩子变得思维僵化，缺乏灵活的应变能力。如果希望孩子在学习和成长的过程中能够保持独立的思想，不随波逐流，那么首先我们就要让孩子养成独立思考的习惯，在遇到问题的时候懂得自己去思考、探索，寻求答案，而不是习惯依靠别人或书本来给出说法。

通常来说，孩子都喜欢听故事和玩游戏，尤其是刚进入启蒙期的低年级孩子，他们还无法理解高深的道理和严肃的理论，一板一眼的教学方式反而可能让他们对学习产生厌烦的心理。所以，与其对孩子说些大道理，家长不妨试着引导孩子在玩乐中学会独立思考，帮助孩子把大脑运转起来。

那么，在玩乐中，作为家长，我们应该引导孩子去思考些什么，才能帮助孩子更好地培养独立思考的能力呢？

• 思考事物形成的内因

不管是听故事还是玩游戏，我们都能在这个过程中找到一系列值得思考的问题，比如为什么不倒翁不会倒下，为什么陀螺会旋转，为什么木头可以漂浮在水上……当孩子懂得从玩乐中发现问题，并在探索中寻找答案的时候，他其实已经学会了独立思考。

就像陈鑫妈妈，她在给陈鑫讲《灰姑娘》的故事时，不仅只是把故事讲完，而且不断地引导着陈鑫去思考故事背后的道理，在讲故事的同时让陈鑫通过自己的思考明白了很多道理，这比直接把刻板的道理和知识灌输到孩子的脑海中要有效得多。

• 从玩乐中找到映射现实的道理

不管是故事还是游戏，最重要的不是故事或游戏的内容，而是在听故事和玩游戏的过程中，所能引起我们对现实的思考和感悟。

就像人们说的："一千个人眼中有一千个哈姆雷特。"即便是同样的一个故事，不同的人从中都能找到不同的道理和感受，不同的人也都会有不同的理解，这其中并不存在一个"标准答案"。所以，家长应该做的，不是告诉孩子从这个故事中你应该明白什么道理，而是应该引导孩子自己去思考、去探索，找寻到属于自己的答案。

玩游戏同样如此，在游戏的过程中，值得思考的东西是非常多的。比如在单人游戏里，家长可以引导孩子去思索如何能把游戏做得更好，除了这一种方法之外，还有没有别的方法可以通关；而在多人游戏中，则可以引导孩子去思考，与人团结协作时存在的种种问题。

• 形成自己独到的见解

从孩子学会说话的那一刻开始，家长就应该学会尊重孩子发表意见的权利，即便这个时候孩子的思维还未成熟，对世界的认知也有诸多的偏差，他们所提出的意见或许无法给家长任何实质意义上的帮助，但家长也不能剥夺孩子发表意见的权利，更不能将自己的意愿强加于孩子头上，强迫孩子无理由地接受家长的思想。

在玩乐的过程中，家长应该多鼓励孩子，让他们勇敢地说出自己的想法，即便这些想法或许并不符合家长的期望，家长也应该给予足够的耐心去引导他们，而不是直接给予否定和批评。

要知道，在孩子的成长过程中，家长所扮演的角色是非常重要的，家长的态度直接影响了孩子未来的成长与发展。如果家长总是否定孩子，那么久而久之，孩子就会变得怯懦胆小，不再敢随意发表自己的意见，甚至失去自己的想法。

Chapter 2
学习从来就不是一件轻松事，但应该充满快乐

万事开头难，由于科目的增多，难度的加大，进入小学以后，许多孩子对学习提不起兴趣，甚至害怕到学校。这时候父母最好的做法是多陪伴，这不是简单的辅导，而是陪出兴趣、陪出自通、陪出高效。如果陪得好，孩子以后会越学越轻松，你也会越管越轻松，很快就完全不用管了。

好心情是喜欢上学的“吸铁石”

学校才刚开学，敏敏就在家里闹开了，怎么都不愿意去上学。一开始，爸爸妈妈还有耐性哄着她，可没想到，这好话都说尽了，敏敏却依然“坚如磐石”，死活不肯去学校。最后是敏敏妈妈看时间实在来不及了，一通训斥之后，直接强硬地把哭得满脸眼泪的敏敏送去了学校。

可没想到的是，之后一连好几天，敏敏依然在想着法子逃避上学这件事，甚至有一回，敏敏妈妈大半夜起来上厕所，居然瞧见敏敏穿着单薄的睡衣，偷偷摸摸地蹲在阳台上，一“审问”才知道，这小姑娘居然为了逃避上学，试图半夜偷偷把自己给“冻”病。

本来敏敏妈妈一直以为，敏敏只是假期的时候把心给玩“野”了，所以才不肯去上学，直到这件事之后，敏敏妈妈才惊觉，女儿对上学的抵触似乎比想象中更为严重。

敏敏妈妈很快联系到了敏敏的班主任，又和几个平时与敏敏关系不错的同学聊了聊，这才知道究竟发生了什么事。

原来在上学期期末考试的时候，有孩子传纸条作弊，一不小心把纸条丢到了敏敏的桌子上，结果被老师发现了。几个孩子连同敏敏都被老师请出了考场，虽然后

来事情解释清楚之后，老师让敏敏回来继续考试，但有了这个插曲，敏敏之后的发挥都不太好。而且这件事经过许多同学的误传之后，大家都以为敏敏也参与了作弊……新学期开始之后，老师和同学都把这件事情忘记了，但敏敏却一直压在心里，既委屈自己被老师冤枉，又担心同学们以为她真的作弊了……

了解了情况之后，敏敏妈妈和班主任进行了一番商谈，班主任答应在周五的班会上当众把这件事澄清一下，还敏敏清白。此外，敏敏妈妈还特意邀请了几个和敏敏关系特别好的同学到家里做客。

这件事过去之后，敏敏终于不抵触去学校了，爸爸妈妈总算松了一口气。

当孩子不愿意上学，不喜欢去学校的时候，家长们会怎么做呢？一开始，很多家长可能会苦口婆心地给孩子讲道理，告诉他们学习有多么重要，上学是一件多么严肃的事情。道理讲不通，有的家长可能会改为“利诱”，告诉孩子只要乖乖去上学，就答应带他去哪里玩，或者给他买什么东西。还有的家长呢，则可能直接态度强硬地开启“训斥模式”，甚至直接进入“棍棒教育”。

当然了，不管是利诱还是强迫，或许都能在短时间内取得一定成效，让孩子对家长妥协，乖乖地去上学。但这显然不是长久之计，如果无法让孩子发自内心地愿意去上学，喜欢去学校，那么他们就不可能真真正正地从心底接纳学习这件事，更不可能自发、主动地去做好这件事。

相比“如何让孩子乖乖去上学”，家长其实更应该考虑的是“孩子为什么不想去上学”。很多家长可能都觉得，孩子不愿意去上学，不就是怕辛苦呗，毕竟年纪那么小的孩子，哪里懂什么是烦恼，什么是痛苦啊！但事实上，很多在家长看来“没什么大不了”的事情，对于孩子来说，却可能是让他们的生活“翻天覆地”甚至“万劫不复”的烦恼。就像敏敏所遭遇的事情，放在成年人的世界里，大概连个水花都溅不起来，但它却带给了敏敏很多的压力和烦恼。只有把这些压力与烦恼清除干净之后，敏敏才能重新鼓起勇气回到学校。

诚然，学习并不是一件轻松的事，但它却能够成为一件快乐的事。学习的辛苦或许会成为让孩子对上学感到望而却步的一个理由，但学习的快乐却可以让孩子甘愿接受这份辛苦，并且发自内心地喜欢学校，喜欢上学。所以，作为家长，我们真正应该做的，是帮助孩子发现上学的快乐，要知道，好心情就像是让孩子喜欢上学的“吸铁石”，如果在学校度过的时光是快乐的，那么孩子自然会愿意上学，喜欢上学。

• 让孩子渴望和朋友交往

对孩子来说，朋友的吸引力是非常大的，他们能够从朋友那里得到认可，学到自己不懂的东西，获得更多的快乐与勇气。与朋友交往和做游戏是每一个孩子都非常向往的事情。尤其在小学阶段，如果一个孩子在班级里能够有几个好朋友，那么这几个好朋友就会成为吸引孩子去上学的“吸铁石”，让孩子每天都渴望到学校去见到这些朋友。

所以，要让孩子喜欢上学，家长就得多鼓励孩子去交朋友，尤其是那些性格比较内向、不善与人交际的孩子，家长更应该想办法帮助他们去交朋友，让他们渴望与朋友交往。

比如家长可以利用接送孩子去学校的机会与其他家长聊聊天，寻找一些能和孩子玩得来的同学，如果得到对方家长的允许，每天放学之后不妨留出一段时间，让孩子们可以一起在操场上玩一会儿再回家。这样一来，相信过不了多久，孩子一定能找到一起玩耍的好朋友。

• 让孩子喜欢上自己的老师

对于小学生来说，老师在学校的地位是非常高的，他们对老师似乎天然就有一种敬畏感。而如果能在这种敬畏之余，让孩子喜欢自己的老师，那么他们必然会更愿意去努力学习老师所教授的东西，完成老师所布置的任务，这对孩子的学习是非常有帮助的。

每位老师都有各自不同的优缺点，家长应该做的，是引导孩子发现老师的优点，激发孩子对老师的崇敬，引导孩子去喜欢，而不是惧怕或讨厌自己的老师。当孩子喜欢上自己的老师，愿意上这位老师的课程时，自然也就会愿意去上学了。

• 让孩子的好奇心和探索欲得到呵护

好奇心和探索欲是使孩子进行主动学习的主要原因，当家长发现孩子对某些事物有了好奇心和探索欲之后，应该保护好这种好奇心与探索欲，鼓励孩子顺着自己的渴望去进行更深入的学习和了解，而不是训斥孩子“不务正业”，甚至强行要求他们把注意力转到“学习”上。

对于刚刚进入启蒙关键期的小学生来说，培养对学习的兴趣和好的学习习惯远比学习知识更重要。家长只有先激发了孩子的学习动力，让孩子觉得学习是生动有趣的事情，才能让孩子发自内心地喜欢学习、爱上学习，而这对孩子长远的学习之路是大有裨益的。

• 让孩子在学习方面拥有成就感

每个孩子都喜欢被夸奖和鼓励，如果家长能够时时关注孩子的学习，并在他们取得一些成绩和进步的时候，给予及时的夸奖与鼓励，那么必然能够让孩子在学习方面收获足够的成就感和满足感，从而喜欢上学习这件事。而当孩子喜欢上学习这件事情之后，自然也就能够在学习中收获更多的快乐和满足，也就不会再抵触上学了。

爱学习从“悦”读开始

李坤是一个看起来文静腼腆的小姑娘，虽然她刚上小学二年级，但阅读能力特别好。课堂学习时，她只要念上三遍就能记个大概，十分钟后她就能一字不差地背诵下来，“云对雨，雪对风。花对树，鸟对虫。山清对水秀，柳绿对桃红”……她是班上阅读成绩最好的学生，经常受到老师表扬。

李坤最大的特长是上知天文，下知地理。经常有同学带着各种问题来考她，每次她都能从容应答，让人心服口服。

同学甲：“你知道银河系中有多少个星球吗？”

李坤：“银河系中包括1500亿—4000亿颗恒星和大量星团、星云。”

同学乙：“那么章鱼有几个大脑？”

李坤：“章鱼有三个大脑！”

同学丙：“猜猜看，这是什么植物？”

李坤：“这是猪笼草，猪笼草会分泌香甜的液体，吸引昆虫后将其吃掉！”

同学们总是感叹李坤的知识好丰富，大家也都喜欢和她做朋友！

是谁让李坤的世界充满各种色彩的呢？

是书！

那么，孩子在充满求知欲的探索中，谁更能帮他们打开书这个世界？

是父母。

在李坤小的时候，爸爸就给她买了很多书籍，有寓言故事书、音乐图书、绘本图书等。自从进入小学后，爸爸更是每天抽出一个小时的时间来陪李坤挑选一本图书，然后一起阅读，各种各样的书籍带给了李坤无限的快乐。在阅读的过程中，李坤不仅掌握的知识越来越多，而且学习的积极性也在不断提高。

书是人类最好的朋友，阅读带给孩子的积极意义更为显著。

阅读时，眼、耳、口、手、脑五维并用，可以提高孩子听、说、读、写等方面的能力；阅读，可以使孩子涉猎文学、历史、地理、科学、政治等多方面知识，增长见闻，对学习大有裨益；阅读时，书中世界的广阔无限、丰富多彩，能培养孩子丰富的想象力和思考力，激发孩子的好奇心和求知欲……

“万丈高楼平地起”，培养孩子的阅读能力应越早越好。一二年级是培养孩子阅读兴趣及阅读习惯的关键期，此时，如果父母能顺应孩子的探究欲望，为孩子提供良好的阅读环境和阅读机会，激发起孩子获取信息的兴趣和热情，便能很容易地培养出热爱阅读、热爱学习的好孩子。

如今，很多孩子的生活被电视、手机和电脑等充斥，想要让孩子静下心来享受一段美好的阅读时光，真是很难。所以这需要父母在顾及孩子年龄特点和心理特点基础上，多花一点心思和时间。

• 挑选适合孩子阅读的书籍

在小学一二年级阶段，孩子主要是学习汉语拼音。对于还没有养成阅读习惯的孩子来说，太厚的书本就好比洪水猛兽，很容易把他们吓跑，也会使他们对阅读望而却步。所以，刚开始应该给孩子提供一些比较简单、词汇量不多的书籍，让孩子一边借助拼音阅读课外书，一边通过阅读巩固拼音。

当然，适合一二年级孩子读的儿童读物还是有共同点的，这就是内容上简单有趣，形式上图文并茂，能吸引孩子主动且持续阅读。如《三毛流浪记》《故事大王》《木偶奇遇记》《小企鹅心灵成长故事》《丁丁历险记》《忙忙碌碌的一年级》《酸酸甜甜的二年级》等书籍，都是不错的选择。

• 协助孩子融入书本世界

一二年级的孩子自制力较差、主动性不强，他们很少会自发地阅读。而一个不爱阅读的家长，也很难培养出爱阅读的孩子。试想，如果你每天晚上吃完饭看着电视，玩着手机，从来不看书，却要求孩子看书，这可能吗?

所以，如果孩子不爱阅读，父母不应该抱怨或指责，而应当陪同孩子一起阅读，营造家庭阅读环境，这种身教可以大大感染和影响孩子，会潜移默化地影响孩子阅读的兴趣和能力，使他们的阅读在广度和深度上得到发展。

父母在和孩子一起读书时，不要只是照着书毫无感情地一字不落地往下读，没有互动的阅读过程是平淡无奇的，孩子很难对阅读产生兴趣。父母最好带着饱满的情绪和情感来朗读，放慢语速，尽量模仿故事中各种角色的语气。如此，不仅可以活跃阅读气氛，更能协助孩子融入书本世界。

• 开展丰富多彩的阅读活动

作为父母，我们希望孩子广泛涉猎文学作品，增加词汇量，从书中学习知识。但对于一二年级的小学生而言，引导他们体验阅读的乐趣才是关键。

每个月，我们可以让孩子邀请几个要好的小朋友一起来家里举行“读书交流会”，让孩子们展示自己制作的“读书交流卡”或者开展“好书推荐会”等，这样不但可以帮助孩子巩固阅读成果，更能调动孩子阅读的积极性，推动课外阅读步步深入。

著名作家冰心曾说：“读书好、多读书、读好书。”

每天抽时间进行亲子阅读，引导孩子把听、说、读、写、思等有机结合，相信有了父母的陪伴，孩子一定会爱上阅读的。

做个“懒”父母，让孩子“翻身”当老师

刚上小学的杨光就是个小闹腾，想让他安安静静坐下来简直比登天还难。老师都已经向家长反映好几次了，说杨光上课不专心，不是摆弄这个就是摆弄那个，再不然就是变着法儿地去逗同桌的小姑娘，可真是让人愁死了！小杨光呢，认错态度还特别好，从来不跟老师或父母顶嘴，但问题是错误下次照旧犯。

本来吧，这龙生九子还各有不同呢，每个孩子都有自己的个性，小杨光的父母也不愿意太拘束儿子。可太过活泼好动的小杨光根本静不下心来学习，这可就是个大问题了。

有一回周末，本来在家休息的杨光爸爸突然接到公司电话，要求他紧急处理一份合同。杨光爸爸接到公司传真过来的合同之后，就坐在沙发上开始一一检查合同的内容。阅读合同条款的过程中，杨光爸爸看到了一个不太确定读音的字，于是便随手拿起儿子放在沙发边上的《新华字典》，随意地翻了翻，想确定一下这个字的读音。

这时候，小杨光突然凑了过来，看看爸爸手里的《新华字典》，又瞧瞧爸爸手里拿着的合同，笑嘻嘻地说道：“哈哈，老爸，你是不是不会查字典呀！要不要我帮你呀？字典不是这么查的，老师说了，我们要先找这个字的偏旁部首……”

杨光爸爸本来想让儿子去一边自己玩，但瞧着儿子一副认真的样子，又忽然想起来这阵子似乎他们刚好在学如何查字典的事情，于是干脆把字典递给了小杨光，认真地指了指合同上的一个字，说道：“行，那你就帮帮爸爸吧！”

领到任务的小杨光自豪极了，一板一眼地坐在爸爸身边开始按照老师教的步骤查阅字典，直到帮助爸爸找到了合同上的字。瞧着儿子一副兴致勃勃的“嘚瑟”样儿，杨光爸爸突然灵光一闪，想到了以后该如何对付家里这个“小皮猴儿”，引导他好好学习了。

这之后，杨光爸爸开始悄悄关注杨光的学习课程，然后故意时不时地向杨光“请教”一些小问题，而这些小问题恰恰都和杨光最近在课堂上学习的知识点有关。每次杨光帮忙解决完问题之后，杨光爸爸都会郑重地向儿子“道谢”，还常常戏称他是自己的“小老师”。

在爸爸的“请教”下，小杨光的学习热情越来越高，成绩也取得了明显的进步，到期末时，小杨光居然从之前的“吊车尾”进步到了班级中游水平，得到了班主任的夸奖。

如何让孩子爱上学习、愿意学习，这大概是所有家长都在关心的问题。与成年人不同，孩子的思维是比较跳脱的，自律性也比较弱，很难长期把注意力集中在某一件事情上。不管家长怎么告诉孩子，学习究竟有多么重要，对未来的影响有多么大，孩子也很难真正理解到这一点，即便明白，这种认知往往也不足以支撑他们忍受学习中的枯燥与乏味。

我们之所以会愿意去做一件辛苦的事情，通常是因为这件事情所能给我们带来的回报是值得我们去忍受艰辛的。孩子往往没有像成年人这样强烈的目的性和功利心，他们做事通常更看重眼下的感受，所以想让孩子自觉自愿地去做一件辛苦的事情，最有效的方法莫过于让他们能够在做这件事情的时候感受到足够多的快乐和满足。

杨光爸爸的做法就非常聪明，他赋予了小杨光一个“老师”的身份，而在孩子们的心中，“老师”的位置其实是非常重要的，杨光爸爸的做法让小杨光拥有了极

大的成就感和满足感，与此同时，也让小杨光不知不觉地肩负上了一种责任感。为了能继续得到爸爸的赏识与夸奖，也为了能对得起“老师”这个身份，小杨光自觉主动地投入了学习。而成绩的进步和知识的增长，又能够让小杨光收获更多的肯定与夸奖，一个良性循环就此形成。

• 做个“懒”父母，让孩子学会独立学习

现在，有很多家长，尤其是低年级孩子的家长，在教育孩子的时候都过于“认真负责”了，不知不觉就成了孩子学习的“拐杖”。有的孩子甚至没有家长陪在身边，都没有办法开始学习或做作业。这对孩子未来的学习和生活其实都是非常不利的，毕竟家长不可能时时刻刻都陪伴在孩子身边。家长有自己的事情要去做，而孩子也总要学会成长和独立。

家长操心孩子的学习，这一点无可厚非，但如果过多地参与其中，反而可能让孩子形成习惯性的依赖，一遇到问题就张口喊爸爸妈妈，不懂得自己思考、自己学习。所以，为了增强孩子在学习上的自理能力与独立能力，父母不妨“懒”一些。比起帮助孩子解决问题，家长更应该做的，是引导孩子自己去寻找解决问题的方式方法。

• 赏识教育，满足孩子内心的成就感

每个人都有被别人认可和赏识的渴望，孩子同样如此。赏识是教育的真谛，也是孩子心理健康发展的一种需要。杨光爸爸对杨光的引导其实就是赏识教育的一种，他把杨光称作“小老师”，用请教的方式引导杨光学习，让杨光从中获得了极大的成就感和满足感。

所以，当你希望你的孩子成为一个什么样的人时，不要总是用批评去鞭策他、驱赶他，而是要懂得用赏识去引导他。批评往往可能引起孩子的逆反情绪，而赏识却能成为孩子努力向上的重要动力。

读故事，做游戏，数学也能很有趣

蒋甜甜的小学入学考试成绩出来了：语文97分，数学27分，满分都是100分。

看着女儿卷子上红彤彤的分数，甜甜妈也不知道是该笑还是该哭了。这复杂的《唐诗三百首》蒋甜甜都能倒背如流，怎么简单的“1+1=2”就是学不会呢？唉，说到底，还是孩子没兴趣啊！

蒋甜甜是个非常聪明的孩子，一首诗，读上两遍基本上就能背出来。可偏偏她对数学就是没有半点儿兴趣，觉得数学特别“没意思”。这可愁坏了甜甜妈，要知道，数学这一科目，无论是小学、初中还是高中，那可都是重点科目之一，数学成绩提不上去，那可是得吃大亏的呀！

就在甜甜妈为女儿的数学成绩发愁时，一位学生家长给甜甜妈推荐了一本故事书，这本故事书非常有趣，乍一看和其他的故事书似乎没什么差别，但仔细一看会发现，每一个故事里头，其实都有一道有趣的数学题。

当天晚上，甜甜妈就给蒋甜甜说了其中的一个故事，蒋甜甜听得入迷极了，尤其是听到故事里的主人公巧妙应对国王的刁难，解出了国王提出的一道算术题目时，蒋甜甜更是迫不及待地拿起小书桌上的稿纸计算起来，要瞧瞧聪明的主人公究竟是用什么方法得到的答案。

之后，甜甜妈每天都会给蒋甜甜讲一个书里的故事，只要有空，还会特意和蒋甜甜玩一些有关数学方面的小游戏。渐渐地，蒋甜甜对数学也不再抵触了，反而从中品出了许多趣味。如今，升入二年级的蒋甜甜还成了班上的数学课代表呢！

不少家长都抱怨过，说孩子语文、英语学得都不错，偏偏对数学特别抵触，成绩怎么也无法提高，同样的题型刚讲解过，转头就又不会做了。其实说到底，根本原因还是孩子对数学兴趣不大，不肯把心思用在钻研数学上。这对孩子未来的学习是非常不利的，尤其是在启蒙关键期，如果孩子不能建立起基本的数字思维和逻辑思维，那么以后想要提升数学成绩，将会变得十分困难。

其实，想让孩子认真学习数学并不难，家长只要想办法引导孩子发现数学的乐趣，对数学感兴趣就行了。数学不仅仅只是一门充满公式和计算的学科，生活中其实处处都有数学，不管是讲故事还是做游戏，都能把数学融入其中，只要家长多做功课，把趣味与数学结合在一起，一定能够激发孩子对数学的兴趣，感受到数学的魅力。

• 动手烘焙，让孩子在生活中学习数学

在生活中，烘焙可以说是与数学最为接近且最具趣味性的动手活动了。比如当你根据一张食谱配方，增加或减少主料的量时，你就得利用数学的乘法或除法来计算辅料的量，从而进行调整。此外，在烘焙的过程中，我们也经常需要做很多与数字有关的工作，比如量出二分之一杯牛奶，或者四分之一勺白砂糖，又或者数一数孩子们最爱的巧克力豆，等等。最重要的是，大部分的孩子都是无法拒绝烘焙的魅力的。

在带领孩子动手做烘焙的同时，家长也可以时不时问孩子一些简单的数学问题，来帮助孩子培养数学思维。比如你可以问孩子这样一些简单的问题：

我们做第一批薄饼用了2个鸡蛋，做第二批又用了2个鸡蛋，那么今天我们做薄饼一共用了多少鸡蛋呀？

如果把一个新鲜的鸡蛋放到微波炉里加热，30秒之后它就会爆炸，那么现在，这个鸡蛋已经加热了17秒，你想想，再加热几秒之后鸡蛋会爆炸呢？

做薄饼的面糊里，每2杯面粉就要加2个鸡蛋，现在我们放了6杯面粉，需要放多少鸡蛋呢?

当数学与烘焙结合以后，家长就能让孩子在动手中学习，在学习中动手，这比单纯地做题或背公式要有趣多了!

• 积木游戏，培养孩子的空间思维能力

不管工程量是大是小，但凡建筑总是离不开测量的，而测量的过程中又包含了计数、加法、减法甚至是乘法、除法等。所以，积木玩具无疑是家长引导孩子爱上数学的最佳选择之一，和孩子一起搭建积木建筑，不仅能够很好地帮助孩子在游戏中认识数字，提升计算能力，还能很好地帮助孩子锻炼空间思维能力。

此外，在与孩子共同构建积木模型或建筑的时候，家长也可以根据具体的游戏情况来让孩子边玩边思考一些简单的数学问题，比如:

我们组装的这个积木小汽车模型，前排座位可以坐2个人，中间排的座位可以坐3个人，后排的座位也可以坐3个人，那你说这辆小汽车里头一共可以坐多少人呢?

假设我只给你25块积木来搭建这个小房子，而我们知道，搭建屋顶必须得要10块积木，那么你还有多少块积木可以用来搭建剩余的部分呢?

如果你的任务是要搭建一个半边是红色，半边是蓝色的城堡，而这座城堡要搭建完成，一共需要200块积木，那其中你需要多少红色积木，多少蓝色积木呢?

……

诸如此类的问题并不复杂，但又能很好地与孩子正在玩的积木游戏结合在一起，用来引导孩子进行数学计算可以说是再好不过了。

• 睡前故事，让孩子感受数学魅力

很多家长都会给孩子讲睡前故事，既然如此，那么为什么不试着给孩子讲一些与数学有关的趣味性故事，来激发孩子对数学的兴趣呢? 就像甜甜妈，不正是用充满趣味性的数学故事一点点调动了蒋甜甜对数学的兴趣吗?

孩子不喜欢数学，是因为在他们看来，数学实在太没意思了，除了一堆冷冰冰

的数字和公式之外，就是数不尽的计算和作业。但如果能将数学和故事结合在一起，就能增加数学的趣味性，从而扭转孩子对数学的枯燥印象。如果孩子能喜欢这些充满趣味的数学故事，那么相信他们也一定能够真正喜欢上数学的。

快乐学习，才能高效学习

暑假时，上小学二年级的谭峰和爸爸妈妈回到乡下老家，在乡下度过了一个难忘的夏天。

对于从小就生活在城市的谭峰来说，乡下的一切都充满了新鲜感，每天都跟着新认识的小伙伴们上山下河疯玩，摸鱼、刨土豆、捉蛐蛐儿……

几天之后，大概新鲜感过去了，谭峰渐渐地不再和这些小伙伴四处疯玩，而是常常一个人蹲在草丛、墙脚、田边、树下等地方，手里拿根棍子，不知道在做什么，有时一蹲就是一下午。谭峰的爸爸妈妈觉得很奇怪，不知道儿子成天都在做什么，但毕竟是假期，儿子也不惹事，就随他去了。

一天夜里，家里人都睡下之后，谭峰却悄悄拿着手电筒出门了。谭峰妈妈半夜起来，打算去看看儿子有没有踢被子，结果却发现房间里空荡荡的，一个人也没有，着实吓了一跳。焦急地寻找了半天，谭峰妈妈才在门口的田野边上看到正举着手电筒聚精会神看着地上的谭峰，原来他正在观察蜈蚣是怎样产卵的！谭峰妈妈这才知道，这些天谭峰一蹲就是几个小时，都是在观察昆虫。

虽然谭峰妈妈对儿子的半夜“失踪”感到很生气，但她也不想打击儿子观察昆虫的积极性，于是按捺住脾气，陪着儿子在田野边蹲了许久，直到回去之后才耐心

地告诫儿子，以后不能擅自出门，出门前要记得和大人打招呼。

之后，为了鼓励儿子继续探索自己感兴趣的东西，谭峰妈妈把带来拍照的卡片机也给了谭峰，并鼓励他把自己观察昆虫的心得记在本子上，整理出了一份《昆虫观察日记》。开学之后，谭峰把这份日记作为假期实践作业交给了班主任，得到了班主任的大力赞赏。

爱玩是孩子的天性，如果家长试图用严厉管教来逼迫孩子学习，那么效果必定不会太好。只有让孩子喜欢上学习，并且能在学习中感受到快乐，孩子才能真正全身心地投入学习中，就像人们所说的，兴趣才是孩子最好的老师。

大部分孩子对学习的兴趣都不是与生俱来的，而是需要家长的长期教育和引导。如果家长能够激发孩子对学习的兴趣，那么即便没有每时每刻地监督和管束，孩子也会自觉自愿地投入学习之中。只有先让孩子发现学习的乐趣，能够快乐学习，孩子才能真正实现高效学习，在学习中做到游刃有余。

需要家长注意的是，激发孩子的学习兴趣并不是一件可以一蹴而就的事情，更不可能用苦口婆心的教导和大道理来达成目的。家长要懂得去了解孩子，走进孩子内心的小世界，分析孩子的实际情况，从而找寻到孩子可能会感兴趣的东西，再有目的性、指向性地引导孩子去学习、去探索，才能一步步激发起孩子对学习的兴趣，从而实现快乐学习、高效学习。

• 了解孩子为什么对学习缺乏兴趣

没有任何一个人是甘于落后的，孩子对学习缺乏兴趣，必然有自己的原因。可能是因为常常被老师批评，所以对学习产生了排斥；也可能是学习方法不得当，导致付出的努力无法收获相应的回报，从而对学习心灰意懒。

父母想要激发孩子的学习兴趣，就得先找到孩子排斥学习的原因，只有从根本上把问题解决，才能消除孩子对学习的反感，让孩子真正接纳学习，爱上学习。

• 利用好奇心来激发孩子的学习兴趣

居里夫人曾经说过：“好奇心是学者的第一美德，而好奇心又总是兴趣的导因。”家长想要激发孩子对学习的兴趣，最直接有效的方法就是抓住孩子的好奇心，并加以正确的引导，让孩子对学习产生兴趣。

激发好奇心的方式多种多样，家长可以根据孩子所学的学科内容，适当增加一些新鲜有趣的内容来引起孩子的兴趣。比如，孩子如果不喜欢语文科目，那么家长可以为孩子挑选一些生动有趣的课外书籍，来培养孩子对文字的兴趣；如果孩子对数学兴趣缺缺，那么家长可以利用趣味性的数学故事或游戏来培养孩子对数学的兴趣；如果孩子不擅长自然科目，那么家长可以多带孩子去动物园、科技馆等地方，寓教于乐地激发孩子对自然科学的兴趣。

• 帮助孩子掌握高效学习法

大部分孩子对学习的抵触和反感，都是因为没有掌握正确的学习方法，以至于在学习的道路上屡屡受挫。虽然学习没有捷径可走，但却是有正确高效的学习方法的，掌握高效的学习法，可以帮助孩子更好地激发自己的才能与天赋，从而更轻松、快捷地迈向成功。

所以，当家长发现孩子某一科目成绩较差的时候，不要轻易下定论，批评孩子不够努力或不够认真，而是应该和孩子一起，找到学习过程中存在的问题，并帮助孩子找到最适合自己的学习方法，从而取得事半功倍的效果。

• 降低标准，让孩子实现快乐学习

全天下的父母都希望自己的子女能够成才，但这种期望往往正是造成孩子压力的根源，甚至可能让孩子因巨大的压力而对学习这件事望而却步。其实，家长应该有这样一个意识：对于孩子，尤其是启蒙期的孩子来说，培养他们对学习的兴趣远比他们的学习成绩重要得多。学习成绩所反映出来的，只是一段时期内孩子的学习情况，而他们对学习的态度却可能影响到孩子的一生。

所以，为了让孩子实现快乐学习，家长不妨试着降低标准，给孩子降低一些学习难度。随着压力的减小，相信孩子反而更能感受到学习的快乐与魅力，从而发自内心地爱上学习，愿意学习。

Chapter 3
无规矩不成方圆，好习惯越早培养越好

教育的目的是什么？即培养好的习惯。一二年级是孩子可塑性最强的时期，也是形成好习惯的重要阶段。父母无法陪伴孩子一生，但好习惯却可以照顾好孩子的一生，这将成为其成长路上最优越的资本！

把“小磨蹭”变成“飞毛腿”

“早上7点叫她起床，磨磨蹭蹭、拖拖拉拉，闹钟都响了好几次，才能把她从床上拉起来，然后穿衣服、刷牙、洗脸、吃早饭……又是一顿三催四请，等终于能出门了吧，哟，昨晚上的作业本还没收进书包里呢！放学回来，那就更是可怕了，写个作业，得不停地催，有人盯着都能一分钟开几次小差，更别说没人盯着了，半小时能做完的题，能给你拖到半夜……唉，有时候真是恨不得几大巴掌就招呼上去，你说这孩子，怎么就这么磨蹭呢……”

媛媛妈一边和其他家长抱怨，一边焦急地看看时间，又看看学校大门口。今天媛媛又被老师留堂了，因为课堂作业没写完。这开学还不到一个月呢，媛媛已经因为同样的理由第三次被留堂了，说到底，还是磨蹭惹的祸啊！

媛媛妈是个爽朗干脆的人，平时做事风风火火，偏偏媛媛和她截然相反，是个做事拖拉的“小磨蹭”。平日里，媛媛就一直没有什么时间观念，不管做什么事，基本上都是能拖就拖，完全不懂得好好把时间利用起来。对此，媛媛妈一直非常苦恼，却又不知道该怎么做才能扭转女儿的坏毛病。

一次，媛媛妈到图书大厦帮媛媛买故事书的时候，恰好看到书架上放着一本关于如何引导孩子改变坏习惯的书，于是就随手拿起来翻了翻。书里正好有一个章节

的内容，是关于教导家长如何帮助孩子改掉拖拉磨蹭习惯的，媛媛妈顿时眼前一亮，毫不犹豫地买下了这本书，回到家后便迫不及待地阅读起来。

做事一贯雷厉风行的媛媛妈根据书里的教导给媛媛制订了一系列纠正拖拉磨蹭坏习惯的计划，并立即将这一计划付诸实践。她给媛媛每天必须做的每一件事都制定了严格的时间表，并订立了相应的奖惩制度。如果媛媛能够在规定时间内把事情做完，就会给她一些奖励；但如果媛媛不能在规定时间内做完，那么就会受到一些惩罚。

在媛媛妈制订完计划之后，一开始媛媛还有些不以为意，但在切身体会到奖励和惩罚，还有妈妈这次的“铁石心肠”后，媛媛终于一点点改掉了自己拖拉磨蹭的习惯，做事越来越利落了。

有拖拉磨蹭习惯的孩子实在太多了，着实令家长头痛不已。很多家长为此都感到很烦恼也很担忧：孩子做事这样拖拉磨蹭，难道是因为天生脑子笨？比别人慢半拍？

其实，拖拉磨蹭只是孩子的一种习惯，与头脑和个性都是没有关系的。通常来说，孩子之所以比较容易出现拖拉磨蹭的坏习惯，是因为：第一，孩子对所做的事情较为生疏，并且由于自身身体机能发育不完全，神经、肌肉协调能力较弱，缺乏一定的生活技能，故而做事就会比较慢；第二，孩子缺乏时间观念，所以做事时没有紧迫感，常常边玩边干，不专心；第三，受到家长坏习惯的影响，如果平时家长就有做事拖拉磨蹭的习惯，那么也会潜移默化地影响到孩子的行为。

以上三点造成孩子拖拉磨蹭习惯的原因都是可以通过后天的训练和引导改正的。像媛媛妈那样，为孩子订立详细的时间表和奖惩制度就是个非常不错的办法，可以在一定程度上帮助孩子培养良好的时间观念，鞭策孩子养成做事干脆利落的好习惯。

• 帮助孩子培养良好的时间观念

如果孩子缺乏良好的时间观念，那么做事自然就没有紧迫感，很容易就会变得磨磨蹭蹭。家长想要帮助孩子培养良好的时间观念，有一些方法是非常值得借鉴的：

（1）帮助孩子树立“今日事今日毕”的观念和习惯。这一点是需要家长来言传身教的，只有家长自己先做到准时、守时，才有立场去引导、教育孩子，帮助他们培养起良好的时间观念，改掉磨蹭的坏习惯。

（2）建立明确的奖惩制度。大部分孩子其实都不能切身体会到时间的宝贵，总觉得时间很多，浪费一点没有什么关系。所以，家长想要让孩子改变浪费时间的坏习惯，就必须得建立起明确的奖惩制度，让孩子明白，不守时会遭到什么样的惩罚。只有让孩子切身体会到了这一点，他们才能学会约束自己的行为，从而逐渐改掉磨蹭的坏习惯。

（3）帮助孩子制订时间安排计划。年龄越小的孩子自律能力往往就越差，需要家长的监督和管理。所以，家长不妨与孩子一同讨论，为日常的事务制订一个详细的时间安排表，让孩子根据这个时间安排表去生活，从而养成良好的做事习惯。

• 计时器，让孩子告别拖拉磨蹭

很多孩子做事往往都缺乏条理性，这也是造成拖拉磨蹭的重要原因之一。根据这一点，家长不妨利用计时器来帮助孩子建立做事的条理，同时也能帮助孩子建立良好的时间观念。可以选用的计时器有很多，比如小闹钟、手机等。

需要注意的是，家长在给孩子“计时”的时候，要注意好事情的“段落性”，帮助孩子把每一个步骤要做的事情都清晰明确规定清楚。比如几点之前必须起床，几点到几点刷牙洗脸，几点到几点吃早餐等，只有把事情清晰地分出段落，才便于监督孩子的完成情况。

• 家长要懂得以身作则

对于孩子来说，家长不仅是他们的第一个老师，同时也是他们做人做事的一个模范。所以，家长的做事和生活习惯，往往能够直接影响到孩子。如果家长本身就是个缺乏条理性，没有时间观念的人，那么孩子自然也会在家长的影响下变得拖拉磨蹭，没有良好的时间观念。所以，在教育孩子之前，家长一定要懂得自我检讨，以身作则地成为孩子的好榜样，这样才可能把家里的“小磨蹭”变成“飞毛腿”。

小马虎易造成大麻烦

刚到公司，林枫妈妈就接到儿子班主任的电话，说林枫今天去上学，居然把书包给落在家里了！原来今天是林枫值日，班级里有规定，要求值日生要比其他学生早一点到教室，帮老师准备好上课需要用的粉笔和尺子等物品。结果今天一大早，林枫起晚了，急急忙忙催着要出差的爸爸送他去学校，等早自习都开始了，林枫一瞧空空荡荡的抽屉才反应过来，出门太急，居然把书包都给忘记了！

林枫这丢三落四、马马虎虎的毛病可不是一天两天了，今天忘记戴红领巾，明天忘记拿文具盒，后天铅笔丢了一两支……林枫妈妈可没少跟在他屁股后头收拾残局。

除了生活之外，在学习方面，林枫同样很粗心大意，有时就连做作业都能一不小心把题目给看漏了！就说上回，老师布置了一张试卷作为周末作业，林枫这小马虎因为忘记翻面儿，居然漏做了一整页的题目，还被老师在班会上当众批评了，那回可真是让林枫妈妈丢了大面子。

还有好多次，考完试之后，林枫妈妈给林枫检查试卷，发现他做错的大部分题目都是因为没仔细看题，比如常常会把“6”看作“9”，把“×”号看作“+”号等，这样的乌龙可真是层出不穷。语文就更别提了，那错别字，一抓就是一大把。

想到儿子的种种劣迹，林枫妈妈真是愁得不行，道理也讲过不少，训斥也没少训斥，可林枫却每次都不长记性，还总是不服气地说：“哎呀，这些东西我都会的，是不小心才出了问题，下次不会啦，也不是什么大事嘛！”

这孩子的马虎问题确实忽略不得，小马虎看似不是什么大事，但久而久之，马虎变成一种习惯之后，就会给我们带来很多大麻烦了。往小了说，马虎的习惯一旦养成，就会让孩子在生活中丢三落四，在学习上更是错漏百出，对考试成绩造成不良影响；往大了说，马虎一旦成为习惯，甚至对孩子往后的升学考试、事业发展等方面都会造成严重影响，给孩子带来许多本可避免的麻烦和阻碍。

造成孩子做事马虎的原因其实很多，有孩子主观上的原因，但也有客观上的原因。如果是孩子主观上的原因，就像林枫那样，对自己马虎的行为不以为然，觉得不是什么大不了的事情，那么就要求家长得先摆正态度，重视起这些看似“不重要”的马虎行为，只有家长重视了，才能让孩子也逐渐引起重视，从而愿意主动改正自己的行为。

但如果是客观方面的原因，那么就需要家长多投入一些时间和精力，来帮助孩子养成做事细心的习惯。毕竟一个习惯的培养往往是需要日积月累的，不可能一蹴而就。很多时候，孩子其实也会为自己的马虎而感到懊恼不已，此时如果家长再喋喋不休地教训孩子，只会让孩子越发感到难受，甚至可能导致情绪上的反弹，激发孩子的叛逆心理，这对改掉孩子马虎的坏毛病是没有任何帮助的。

所以，当家长发现孩子有做事马虎的毛病时，一定要懂得用科学合理的方式对孩子进行教育和引导，从身边的小事开始，耐心地提醒和监督孩子，相信在家长持之以恒的带动下，孩子一定能够逐渐培养起做事认真、细心的好习惯，从而改掉马虎的坏毛病。以下的一些方法或许能够给予家长们一些帮助和指导：

• 端正态度，让孩子重视马虎带来的危害

对于孩子的马虎行为，家长一定要引起重视，不要觉得孩子年纪小，造成的麻烦也不大就不以为然。要知道，孩子的很多行为习惯都是在启蒙关键期养成的，这些行为习惯眼下或许不会造成什么大麻烦，但却可能在往后漫长的日子里影响孩子的一生。所以，当家长发现孩子有做事马虎的习惯时，一定要端正态度，让孩子明白，这样是不对的，会带来很大的危害，只有先从观念上让孩子重视马虎这种坏毛病，才能从根本上改变孩子的马虎行为，让孩子养成做事认真仔细的好习惯。

• 训练孩子的视觉辨别能力

想让孩子远离“马虎”，养成做事细心的习惯，必须得从小开始培养。家长不妨从小事开始，引导孩子去发现生活中各个细节的变化，训练孩子的视觉辨别能力，让孩子形成仔细观察和比较的好习惯。

比如捡豆子游戏就是帮助孩子训练视觉辨识能力的好方法之一：

将红豆、黄豆和绿豆等多种豆子混在一起，让孩子在一定时限内将这些豆子快速分开，家长也可以加入游戏，和孩子展开“竞赛”。

• 帮助孩子消除外界干扰

孩子的注意力是很容易被分散的，当孩子在做某件事情的时候，如果受到太多干扰，就可能会出现情绪暴躁、心烦意乱的情况，注意力也会很难集中，这样一来，自然容易错漏百出，这对孩子培养认真细致的做事习惯是极为不利的。所以，当孩子在做事情的时候，家长一定要尽可能地帮助孩子排除外界干扰，给孩子一个安静、不受打扰的环境，帮助孩子培养做事专注、细心的能力。

比如，当孩子在做作业的时候，家长就尽量不要看电视、大声聊天或者打牌、打麻将等，可以考虑和孩子一起安静地看书或读报，让孩子能够在安静的环境下专注自己的事情。

做计划，学习不再“一团糟”

一个周末，泡沫妈妈应邀到朋友家做客，朋友的儿子小玮今年刚上一年级，比泡沫小一岁。泡沫妈妈到的时候，小玮正在房间写作业。就在泡沫妈妈和小玮妈妈聊得开心时，小玮突然从房间跑了出来，满脸焦急地说道：“哎呀，妈妈，明天老师就要收参加比赛的航空模型啦，我还没弄完呢！”

听到儿子的话，小玮妈妈赶紧焦急地说道：“你这孩子，这么重要的事情也不记着，那赶紧去把模型做完呀！”

小玮嘟着嘴抱怨道：“家里的胶水都用完了……”

没办法，小玮妈妈只得抱歉地和泡沫妈妈打了个招呼，急匆匆出门去给小玮买胶水。

胶水买回来没多久，小玮又急急忙忙地在房间里大声喊着：“妈妈，我找不到模型制作的说明书啦，不知道这个零件应该组装到哪里！”

没办法，小玮妈妈只得起身，去房间里帮小玮找说明书。泡沫妈妈见小玮妈妈忙前忙后的，也赶紧起来帮她一块找。

一进小玮房间，泡沫妈妈就明白了，屋里乱七八糟的，也难怪东西找不见了。不说其他，就那一张小小的书桌上，就胡乱堆着作业本、课本、漫画书、草稿纸，

还有一大堆小零食的袋子，也不知道是吃完了还是没吃完的……

好不容易帮小玮把说明书找到了，让他继续做着模型，结果这还没多久呢，小玮又冲了出来，把模型一股脑儿地丢给了妈妈，嘴里嚷着："不成不成，妈妈剩下的你得帮我做，我差点儿忘记啦，明天还有一张数学卷子要交，我还没写呢……"

没办法，小玮妈妈只得接过了儿子的模型，继续帮他做下去。被泡沫妈妈看到这样的场景，小玮妈妈也有些不好意思，两人顺势聊起了关于孩子的教育问题。

小玮妈妈告诉泡沫妈妈，小玮从小就是这样，毛毛躁躁的，做事缺乏耐性和条理性，为了给他收拾残局，自己经常手忙脚乱的。每天除了上班之外，回来还得惦记着每天打电话问班主任小玮有些什么作业，然后一样样给他拿出来检查好，否则小玮肯定会把作业给做漏了。而且，小玮做作业的时候还总离不了人，没人监督，他就有本事把作业给拖到大半夜也写不完……

抱怨完小玮之后，小玮妈妈开始羡慕地夸奖泡沫，谁都知道，泡沫妈妈家的女儿泡沫可乖巧了，只比小玮大一岁，上二年级，却听话懂事得多，根本不用家长操心，不仅学习成绩好，还会帮忙做家务，就连自己的小房间都总是收拾得干干净净，做事也是井井有条。

小玮妈妈向泡沫妈妈"取经"，问她到底是怎么把孩子教得这样懂事乖巧的，泡沫妈妈微笑着对小玮妈妈说："其实很简单，只要教会孩子在做事之前先做好计划，然后再让孩子按照计划一步步稳扎稳打地去把事情做好就行了。我们作为家长，关心孩子是对的，但绝对不能凡事都一手包办，得学会放手，让孩子自己去做事情，否则他们永远都学不会。我们呢，只要在后方把关，指导他们少走弯路就可以啦！"

做事有条理、有计划对孩子来说是一个非常重要的好习惯，不仅能够让孩子在生活中把事情做得井井有条，还能让孩子在学习时充分利用好时间，提高学习效率，增强学习效果。而要做到有条理，就得学会做计划，尤其是在学习上，做好了计划，孩子才不会没头没脑地瞎忙，把自己的学习搞得一团糟。

• 从小事入手，让孩子学会自己动手

在生活中，很多家长都习惯帮孩子包办一切事情，尤其是家里孩子年龄还比较小的时候。家长这么做，一方面是出于对孩子的关爱，舍不得孩子有半点劳累；另一方面则是出于方便，毕竟很多事情，家长可能顺手就能做好，但让孩子做，不仅需要花费更多时间，最后出来的结果往往还可能不尽如人意。但不管出于哪方面的考量，家长这样做对孩子的学习和成长其实是非常不利的。

作为父母，我们应该做的是教导孩子如何有条理地去处理事情，把事情做好，而不是帮他们做事，让他们形成依赖感。其实，做事本身并不重要，重要的是在自己动手做事的过程中，我们可以培养孩子的独立性和条理性，让孩子形成做事有条理的好习惯。

• 整理书桌，让一切井井有条

要想培养孩子做事有条理、有计划的好习惯，不妨让孩子从学习整理书桌开始。

首先，整理书桌不是一件多么困难的事情，无论孩子年纪大小，都是可以胜任这个工作的；其次，把书桌整理好，可以让孩子在学习过程中节省掉很多找东西浪费的时间；最后，整理书桌的过程，其实也是训练孩子做事有条理、有计划的过程，比如把东西如何归类，什么东西放在什么地方最方便等，都是需要条理性和计划性的事情。

除了书桌之外，孩子的书包、书架、房间等，家长都可以让孩子学着自己整理，当孩子生活和学习的环境都能整理得井井有条的时候，孩子在做事时自然也就不会再毛毛躁躁了。

• 教会孩子做事之前先做计划

让孩子在做事之前养成做计划的好习惯，这能够让孩子在做事时有条有理，而且提前做好计划还能最大限度地提高时间的利用率。尤其是在学习的时候，如果孩子能做好学习计划，就不会像小玮那样，临到头才发现这也没做好，那也没做完，把事情搞得一团糟。

告别懒惰，让孩子与勤奋携手

由于早产的关系，莹莹从小身体就不太好，三天两头生病，所以家里对莹莹一向宠爱得紧，真是捧在手里怕摔了，含在嘴里怕化了。也正因为家里人这种“无下限”的宠爱，硬是把莹莹给养成了“小懒虫”。

平时在家里，除了看看动画片、玩玩洋娃娃之外，莹莹几乎什么事情都不用做。就比如吃饭的时候，莹莹每次就在饭桌旁边一坐，眼睛瞅准了哪道菜，张口就开始吩咐了，“妈妈我要吃××”，“妈妈，给我夹××”，“妈妈，给我倒杯水”……

再说早晨起床，每天莹莹妈妈都会比莹莹先起来，然后洗脸刷牙做早餐，事情弄完之后，莹莹妈妈再回到莹莹的房间，帮她穿衣服、穿裤子、穿鞋了，然后再帮她刷牙洗脸，照顾她吃早餐，最后再送她去上学。

做作业的时候就更别提了，莹莹妈妈基本上是全程陪伴，不仅在旁边教莹莹哪道题要怎么做，还得及时地递上铅笔、橡皮擦，做完作业了，就连收拾书包都是莹莹妈妈全部包办的。

至于家务活什么的，那就更没得说了，家里谁敢让莹莹动一个手指头呀！

现在，莹莹都已经上小学二年级了，却连自己的袜子都不会洗，连开水都不会烧。更重要的是，一直被家里人娇宠着的莹莹早就养成了懒惰的习惯，什么事都不愿意自己动手，就连在班级里参加大扫除时也是能躲就躲。班上的同学都不喜欢莹莹，尤其是在课堂上，老师要求大家分成若干小组完成某项任务的时候，更是谁都不肯和莹莹在一组，毕竟大家都知道，莹莹懒极了，让她加入小组，那绝对是拖后腿的啊！

我们都知道懒惰不好，但在现实生活中，许多宠爱孩子的父母却不知不觉把孩子养成了“小懒虫”，这也不让孩子做，那也不让孩子碰，导致孩子逐渐形成了“衣来伸手饭来张口”的坏习惯。要知道，懒惰并不是天生的，孩子懒惰，和父母的溺爱是脱不了关系的。

不少家长都对孩子说过类似的话：“家里什么事情都不用你管，你只要好好学习就行了。”在这些家长看来，孩子的学习成绩比什么都重要，与其浪费时间去做家务，倒不如把时间和精力都放在学习上，考个好成绩。这种观念其实是非常错误的，家长这样的做法只会让孩子变得越来越懒惰，甚至会从内心贬低“劳动”的价值，抵触“劳动”这件事。而一个懒惰的孩子，即便是在学习上，恐怕也是难以有所成就的。因为懒惰会让孩子缺少迎难而上的精神，让孩子缺少锻炼顽强意志和不屈精神的机会，而学习这条路同样是艰辛的，需要不断的坚持和努力。

无论我们对孩子有多大的期望，无论孩子内心有多高的理想，如果懒惰成为习惯，那么这些期望和理想就注定只能化作泡影，永远不会有实现的可能。因为一个懒惰的人，是很难将想法付诸行动的，他们总会习惯为自己找各种各样的理由和借口，来逃避辛苦，逃避努力。所以，为了孩子的未来，家长应该努力让孩子告别懒惰，只有与勤奋携手，孩子才能踏上成功的征程。

当然，培养勤劳的习惯并不是一朝一夕就能完成的事情，这就要求家长有足够的耐性，在生活中一点一滴地去引导孩子、教导孩子，让他们养成爱学习、爱劳动的好习惯。

• 让孩子参与力所能及的家务劳动

很多孩子在很小的时候，对劳动其实都是有好奇心的，比如看到妈妈在扫地，

就想去抢过扫帚自己扫一扫；瞧见爸爸在搬椅子，便也想学着爸爸去搬一搬。但这个时候，大部分家长通常都会直接把孩子“赶”到一边，不让他们来“捣乱”。在家长们看来，孩子还太小，这些事情都做不来，即便能做，也往往会因为缺乏经验和能力而做不好，甚至越做越糟，越添越乱。

确实，有很多事情，孩子的加入只会给我们“帮倒忙”，甚至可能因为不得其法而让自己受伤。但如果家长因此就把孩子隔绝在“劳动”之外，甚至包办所有的事情，那么久而久之，必然会打消孩子对劳动的热情和积极性，让孩子事事都习惯依赖家长，从而养成懒惰的习惯。这对孩子未来的学习和成长都是没有任何好处的。

其实，孩子能够参与的劳动是非常多的，家长不妨根据孩子的年龄大小来给孩子派发一些“任务”，让他们做一些力所能及而又不具有危险性的事情，这样一方面可以培养他们劳动的习惯，另一方面也能避免他们添乱。

• 多鼓励，少批评

当孩子在做某件事情，或参与某项劳动的时候，即便结果不是那么理想，家长也应该多多给予鼓励而不是指责和批评。任何一种能力或一项技能都是需要时间的投入和经验的累积的，每个人不管做什么事，都需要一个从不会到会的过程，而在这个过程中，犯错总是在所难免的。如果家长对孩子过多挑剔甚至责骂，只会打消他们对做这件事的热情，甚至是对劳动的热情。

所以，当孩子没能把某件事做好，或在做事过程中犯错的时候，家长应该做的，不是用批评和指责去打消他们的热情，而是鼓励他们继续努力，继续尝试，直至把事情做到最好。

• 家长爱劳动，孩子才不会懒惰

在一个家庭中，父母就是孩子的榜样，父母的一言一行对孩子的行为习惯都有重大影响。如果父母本身是懒惰的、厌恶劳动的，那么孩子也很难会喜欢劳动、愿意劳动。所以，作为家长，如果你希望孩子成为一个勤劳的人，那么首先你自己就得克服惰性心理，让自己变得勤奋起来。只有家长爱劳动，孩子才不会懒惰。

珍惜时间，从一分钟开始

周末，庄女士到小航妈妈家做客，刚进门就听到小航妈妈在催促儿子小航写作业，可小航却一直在客厅摆弄自己的模型，半点儿也没有起身的意思，小航妈妈催促几句之后，就忙着招呼庄女士，没再管小航了。

半小时过去了，庄女士看到小航依旧坐在客厅地板上玩自己的模型，小航妈妈又继续催促道："快点去做作业，一会儿你又写不完，又得到半夜了！做完了再来玩不好吗？"

小航头也不回地应付着："还早呢，再等几分钟，一会儿就去写，就几分钟。"

小航妈妈无奈地说道："那你说，几分钟，说清楚了，我给你看着时间呢。"

在小航妈妈百般催促下，小航不耐烦地说道："15……不，20分钟，就20分钟。"

又过了半小时，庄女士一瞧，小航已经没玩模型了，正在一边吃薯片一边看故事书呢，压根儿就没有去做作业的打算。小航妈妈也似乎忘记了这回事，仍然高高兴兴地和庄女士说着前些天去旅游的事儿。

又过了一会儿，小航妈妈大概突然想起来自己一直在催儿子写作业呢，于是又再次开口催促道："这都多久了，怎么还不去写作业啊？刚才怎么说的！"

小航不耐烦地摆摆手：“好啦好啦，最后一分钟，就一分钟，我这页故事快看完啦！”

结果，这一分钟又拖了半小时……

一直到庄女士离开，也没见小航去做作业。

在现实生活中，像小航这样的孩子可真不少，从来没有时间观念，更不懂得珍惜时间的重要性，对时间的白白流逝无动于衷。其实不仅小航，就连小航妈妈也是一样的，虽然嘴上不停地催促儿子写作业，但在儿子一次又一次的应付和拖延下，也对儿子采取了放纵的态度。结果，一下午的时间就这样在家长无意义、无效果的催促和孩子放任自流的拖沓中浪费掉了。

俗话说：“一寸光阴一寸金，寸金难买寸光阴。”在当今世界，还有什么东西能比时间更珍贵呢？懂得珍惜时间是让人一生受益的事情，一个人如果懂得珍惜时间，那么他就不会虚度自己的每一天，每一分钟都会做出一个合理的安排和计划，把每一分钟都变得有价值。有这样的好习惯，不管对于学习还是工作都是大有裨益的。

所以，为了孩子未来的成长与发展，每一个家长都应该从小就培养孩子的时间观念，让孩子学会珍惜时间，珍惜生命中的每一分钟。

• 从生活入手，帮助孩子建立时间观念

要让孩子懂得珍惜时间，我们首先就要培养孩子的时间观念。而要培养孩子的时间观念，我们就得让孩子意识到“时间”的存在，把“时间”渗透到生活的方方面面。比如，在叫孩子起床的时候，我们可以说：“宝贝快点起床，现在已经7点了，再不起床你就要迟到了。”在催促孩子做作业的时候，我们可以说：“宝贝，你的动画片6点30分开始，现在已经5点40分了，如果再不加快速度把作业写完，一会儿就不能看电视了哦。”在提醒孩子睡觉的时候，我们可以说：“宝贝，现在是8点40分，你9点必须上床，所以你现在还剩20分钟准备。”用这样的方式潜移默化地去影响孩子，强调“时间”的存在，可以帮助孩子更好地感受到“时间”的流逝。

• 让孩子切身体会不守时的后果

再多的警告都不如一次切身的疼痛能让人记住教训。所以，想要让孩子真正体会到守时的重要性，家长不妨挑选一些合适的机会，让孩子切身体会一下不守时的后果。比如，孩子如果早上出门总是拖拖拉拉，不重视时间，那么家长不妨和孩子定个约定，几点必须出门，否则迟到了孩子就得自己承担后果。当孩子没能遵守约定按时出门的时候，家长一定不能中途插手，只有让孩子真切地体会到迟到被老师批评的后果，孩子才能吸取教训，牢记上学一定要守时。

• 让孩子知道，“一分钟”究竟能做什么

家长要帮孩子树立这样一个观念：珍惜时间，要从每一分钟开始。

在很多人看来，一分钟的时间并不长，迟到一分钟或早到一分钟，似乎也不是什么重要的事。但这样的观念其实是不对的，如果不能重视每一分钟，那么只能说明，我们其实不懂得时间的珍贵。这是一个态度问题，如果不能端正对“一分钟”的态度，那么我们就无法真正理解守时的重要性。

要让孩子真正明白每一分钟的宝贵，单靠些大道理是没用的，孩子也无法理解这些东西。所以，家长不妨带领孩子亲自体会一下，究竟“一分钟”能做到什么。比如，家长可以让孩子试着在“一分钟”内背单词，看看最多能背几个；或者让孩子在“一分钟”内朗读一首诗歌；再或者让孩子玩几局“一分钟”内可以完成的游戏。当孩子切身体会到“一分钟”可以做些什么事情的时候，他们才会真正明白“一分钟”所具有的价值。

• 让孩子记录自己的“时间开销”

为了让孩子更加清晰地认识到自己的时间究竟都花在了什么地方，家长可以让孩子试着记一个时间的流水账，把自己这一整天做了什么事，每件事花费了多少时间都记录下来。有这样一份记录，可以更直观地让孩子看到，自己把一整天的时间都用到了什么地方，有多少时间是白白浪费掉的。此外，这份“时间开销”对孩子制订以后的学习或生活计划也是有很大帮助的。

Chapter 4
礼，是人与人之间最优美的距离

礼仪是我们给他人的第一印象，讲文明、懂礼仪，是学校和社会对每一位小学生的要求。为此，父母要让孩子从小分清什么是对的，什么是错的。懂得什么该做，什么不该做，成为一个有分寸、有礼有节、知书达理的人。

公德意识，小学生上学第一课

李钦上小学一年级了，今天是他第一天上学。在妈妈的陪伴下，李钦既兴奋又好奇地踏入了学校。在前往班级的路上，他左看看右瞧瞧，不经意间看到一个小男孩将喝完的牛奶盒子随意地丢在了地上。李钦只关注了牛奶盒子三秒，随后又看向别的地方。

这一幕恰好也落在了李钦妈妈的眼中。

妈妈见李钦没有捡牛奶盒子的念头，便提议说："你能将那个牛奶盒子捡起来扔进可回收垃圾桶内吗？"

李钦嘟起小嘴，不高兴地说："妈妈，明明是那个小男孩扔的垃圾，我为什么要帮他捡呀？"

"你看，那个牛奶盒子里还有剩余的牛奶，别人不小心踩到，一定会将盒子里的牛奶溅得到处都是，影响校园卫生。校园是每一个学生的家，校园的环境卫生需要每一位同学共同维护。你作为学校的一分子，是不是也有维护校园环境的责任呢？"妈妈耐心地说。

李钦觉得妈妈的话很有道理，便将牛奶盒子捡起来扔进了垃圾桶。

对孩子来说，不光是校园环境，他们也有维护社会环境的责任，因为这是一个公民最基本的公德意识。

什么是公德？它是指一个人的公共品德，是指对公共生活中方方面面基本规范和要求。

社会公德包含很多方面，有文明礼貌、助人为乐、爱护公物、保护环境、遵守纪律等。作为父母，我们都希望自己的孩子是一个有良好公德意识的人。因为，有良好公德意识的孩子特别受人喜爱，让孩子不论是在学习中还是以后的事业上，成功的概率都比别人大许多。

但是公德意识并不是一朝一夕就能培养成功的，它需要一个积累的过程。那么，父母如何培养孩子的公德意识呢?

• 父母以身作则，为孩子树立好榜样

一二年级的孩子几乎所有的时间都是在家庭和学校中度过的，而在家庭中度过的时间远远比学校长。这就意味着，在培养孩子的公德意识上父母的职责比老师更重要。常言说，父母是孩子的第一任老师，同时也是孩子的第一公德标准，父母的言行举止、说话的语气方式、待人处世的态度等，都是孩子学习和模仿的对象，会潜移默化影响孩子的三观。

父母可以反省一下自己是否有缺乏公德意识的行为。例如，你是否会乱闯红灯？你是否随意践踏花花草草？你是否随地吐痰乱扔垃圾？如果有，你的孩子是否有样学样？在成年人眼中，这些行为可能是“司空见惯”的小事，但对孩子的教育而言，这些微不足道的细节恰好是培养孩子公德意识路上的“拦路虎”，千里之堤毁于蚁穴就是这个道理。

父母在培养孩子的公德意识之前，首先要做的就是提高自己的公德意识，为孩子做一个表率，做一个好榜样，给孩子树立正确的三观。需要注意的是，父母在教导孩子的过程中，不能体现父母可以这样做，而孩子不可以这样做，这样的双向标准会引起孩子的反感，不利于孩子公德意识的培养。只有父母德行一致，才能培养出有公德意识的孩子。

• 培养孩子的公德认知

在公共场合，我们不难看到一些孩子缺乏公德意识的表现。例如，孩子会在公共场所大喊大叫、会在购买东西时插队、会摘下花园里美丽的花朵等。这样的行为，在大人眼中是不好的，但在孩子眼中，这样的行为却是正常的。这是为什么呢?

因为低年级的孩子年龄尚小，他们缺乏生活经验，这使他们还无法明确快速地辨别出是非、善恶、美丑等，这就意味着，孩子的公德认知还很浅薄。

在日常生活中，父母可以多给孩子说一些中华传统美德的故事，给孩子观看一些讲述道德的电视节目，阅读有关道德培养的绘本，这不仅可以培养孩子的道德认知，还可以开拓孩子的视野。同时，父母可以将对孩子道德认知的教育具体到行动中。比如，在公共场合时可以教导孩子不要大声喧哗，告知孩子喧哗的行为会影响他人，是不礼貌的行为；如果发现地上有纸屑，可以鼓励孩子捡起来扔进垃圾桶；孩子在与同伴玩耍时，可以告诉孩子不能抢其他小朋友的玩具，如果想玩，必须要得到其他小朋友的同意等。将道德认知的教育融于实践，更有利于孩子对道德的认知。

• **父母为孩子创设情景**

在日常生活中，父母需要留意孩子的行为，观察孩子欠缺哪些方面的公德意识，针对这种情况创设出情景，让孩子在模拟中提高公德意识。

有时候，父母中规中矩地教育孩子讲公德只能让孩子一时受教，等过一段时间后，会再次犯下不道德的行为。所以父母可以将公德意识运用于小品或情景表演中，并在情景中设置出严肃的场景、孩子敬畏的角色等，这样才能进一步强化孩子对道德行为的认同感。

• **正确处理孩子的不文明行为**

每个孩子都会有不文明的行为。当发生这些不文明行为后，父母不要急着责骂孩子，要先想一想，孩子不文明行为产生的原因。

如果孩子的不文明行为是出自对父母无意识的模仿，那么父母要率先检讨一下自己的行为，看看有哪些不文明的地方，自我改正比责骂孩子更能提高孩子的道德；如果孩子的不文明行为出自身边的大环境，父母可以为孩子塑造出一个文明礼貌的大环境；如果孩子的不文明行为是出于对自己的保护，父母要根据实际情况来教育孩子，决不能去抱怨、责怪孩子。

一二年级的孩子正处于对这个世界的认知过程中，对孩子道德意识的培养，父母要其引导的作用，只有先提高孩子的辨别意识，孩子的公德意识才会提升。

说脏话的孩子不是好孩子

“我才不要和那个大坏蛋玩。”

“他是个笨蛋吗？他的脑袋里装了脑子吗？”

“那个光头强叔叔怀孕了吧？不然肚子怎么那么大！”

齐扇今年上小学二年级，原本是一个嘴巴甜、长得非常可爱的小姑娘。不管遇到谁，都会跟人打招呼，问声好，很受长辈们的喜爱。然而，最近不知道怎么了，说五句话有三句里面带脏字，这让她的妈妈苦恼不已。

有一次，齐扇妈妈带着齐扇去买东西，在商场排队付款的时候，一个看着比齐扇年纪还要小一些的小女孩在一边蹦蹦跳跳地玩耍，一不小心就踩了齐扇一脚，小女孩有些怯生生地看了齐扇一眼，刚想跑开就被小齐扇抓住一通骂。本来吧，小女孩踩了齐扇也没道歉就想走，理亏的明显是小女孩，但齐扇抓住小女孩之后，却愤怒地冲着小女孩骂了几句特别不好听的脏话，这一下，被大家指指点点的反倒成了小齐扇了。

这件事发生之后，齐扇觉得很委屈也很难过，在妈妈的劝说和教育下，齐扇这才下定决心，一定要改掉说脏话的坏习惯。

不只是齐扇的妈妈，任何父母听到孩子说脏话都会感到苦恼。因为说脏话是一种不文明、不礼貌的行为，也是缺乏教养的典型表现，而且经常说脏话也会损害孩子的身心健康，是孩子成长路上的“拦路虎”。不过，父母也不要过分地紧张和担忧，因为每个孩子都会经历说脏话、改正的过程。当孩子嘴里冒出脏话时，要先分析一下孩子为什么会说脏话，这些脏话是从哪儿学来的，然后再对症下药，帮助孩子改正。

通常来说，孩子说脏话的最大原因是模仿。由于一二年级的孩子年龄尚小，模仿是他们学习语言的渠道之一，又因为缺乏判断是非的能力，导致他们无法辨别什么该模仿，什么不该模仿。

所以，当孩子处在一个伴有脏话的环境时，自然而然地会去模仿说脏话。有时候，用词不当、好奇心也会让他们说出从别的地方听来的脏话，在与他人发生冲突或愿望得不到满足时，也会用说脏话的方式来发泄心中不满的情绪，以引起父母或他人的注意。对此，父母可以用以下几种手段来帮孩子改正说脏话的习惯。

• 冷却处理孩子讲脏话的行为

通常来说，一种行为反复出现时，只要得不到强化，那么这种行为的发生概率就会降低。当孩子说脏话时，父母不要大惊小怪，也不要责骂孩子，或长篇大论地去教育孩子，父母可以冷却处理孩子说脏话的行为，也就是不理睬孩子的讲脏话行为或当作没有听到孩子的脏话。时间久了，孩子就会觉得讲脏话是一件没有意思的事，不仅无法引起父母的关注，还会引起父母的反感。

有一点父母需要注意，如果孩子在讲脏话时出现愤怒的情绪，那么就不能采用冷却处理，因为愤怒会使孩子重复说脏话，而冷却处理则会让孩子更加愤怒，这会使孩子说脏话的行为得不到遏制。在出现这种情况时，父母要先弄清楚孩子说脏话的原因，先抚平孩子愤怒的情绪，然后再对症处理。但不管是何种处理方法，都不建议用强硬暴力的手段。

• 教导孩子学会自我反思

对低年级的孩子来说，很多时候，他们说了脏话却不自知，仿佛是一种无意识的行为。甚至，当父母提醒孩子刚刚说了脏话，孩子可能会不记得，就像是间歇性失忆了一般。对于这样的情况，父母可以让孩子在说话前先在心里说一遍，如果发现有脏话，要教导他们将脏话过滤掉。同时，提醒孩子每隔一段时间自我反思、总结一下这个阶段是否有说脏话，说了哪些脏话，并自我暗示下一阶段决不能再说相似的脏话。

有心理学家表明，自我反思可以加深孩子对自己行为的认知，只有认识到了自己说脏话的行为，才能改掉这个行为。

• 为孩子塑造一个没有脏话的环境

低年级的孩子并不会主动创造一个脏话词汇，他们说的脏话几乎都是从周围的环境里学来的，这里的环境可以是学校、可以是家庭、可以是网络。当你的孩子说脏话时，父母要先问一问孩子这个脏话是从哪里听来的，然后从根本入手，将孩子与脏话来源的环境隔离，为孩子塑造一个没有脏话的环境。

父母可以先创设一个文明的家庭环境，也就是说，父母要注意自己说的话是否含有脏话，如果有，就得立马改掉，然后再在家中放置一些有关文明礼仪故事书，让孩子能随手阅读，随时学习文明礼仪。此外，父母要留心关注孩子身边的小伙伴，最好能让孩子与讲文明、懂礼貌的孩子玩耍，与这样的小朋友接触，自然就没有讲脏话的余地了。

一个环境可以影响另一个环境，只有先营造文明的家庭环境，才能无形中塑造文明的校园环境。试想一下，当你的孩子不再说脏话了，与你孩子玩耍的小伙伴是不是也不好意思再说脏话了呢？

遵守课堂纪律是最基本的礼貌

庄郡是一名一年级的学生，他非常聪明，学习成绩也不错，几乎每次测验都能考一百分。庄郡的妈妈感到欣慰的同时，也深深担忧着。因为庄郡刚上一年级两个多月，老师就打了十几个电话给她。

“庄郡妈妈，庄郡在课堂上总是交头接耳，小动作不断，这样不仅会影响他自己听讲，也会影响其他同学听讲。”

“庄郡妈妈，庄郡在课堂上看动漫书，这样的行为我们是严格禁止的。”

“庄郡在课堂上总是跟老师唱反调，俨然成了班级里的刺头学生了。”

老师的每一通电话都在说庄郡不遵守课堂纪律，希望庄郡妈妈可以管一管孩子。

庄郡妈妈每次接到老师的电话后，都会和孩子讲很长时间的道理，有时候甚至会让孩子罚站，希望以此来引导孩子遵守课堂纪律。每一次，孩子都会回答：“妈妈我错了，以后再也不犯了。”然而没过几天孩子又会再犯，这让庄郡妈妈真不知道该如何是好。

许多低年级的孩子在课堂上都会有不遵守纪律的陋习，这体现在上课注意力不集中、左顾右盼、交头接耳、做小动作、老师说一他说二等方面。不遵守课堂纪律，不仅会影响孩子的学习成绩，也是对老师不尊重、不礼貌的表现。而引导孩子

遵守课堂纪律不仅仅是老师的工作，父母也有很大的责任。那么，父母该如何协助老师让孩子遵守课堂纪律呢？首先父母要了解孩子不遵守课堂纪律的原因。

通常来说，孩子不遵守课堂纪律有这样几个原因：

首先，孩子缺乏良好的行为习惯。一二年级的孩子由于年龄尚小，还不懂什么是规则，抑或是规则意识不强，这就导致孩子在课堂上会表现出控制不住自我，交头接耳，小动作不断的陋习，而这样的陋习是因为从小没有培养良好的行为习惯。

其次，孩子不知道如何处理与老师的关系。对低年级的孩子来说，由于和老师接触的时间不长，潜意识里会排斥与老师接触。再来，低年级的孩子还无法理性地去看待问题，处理问题，很可能会因为老师的某一次批评，让他们对老师产生反感的情绪，这种反感往往会表现在不遵守课堂纪律上。

最后，孩子对学科不感兴趣。这应该是孩子不遵守课堂纪律的最大原因。俗话说，兴趣是学习的动力，只有感兴趣，孩子才会认真听讲，积极回答问题，而这也是遵守课堂纪律的典型表现。倘若对这门学科不感兴趣，那么在课堂上就会表现出注意力分散。

但不管是哪种原因造成的不遵守课堂纪律都是对老师的不尊重和不礼貌。那么，家长该如何帮助孩子遵守课堂纪律呢？

• 给孩子树立规矩

当今家庭，许多都是独生子女，孩子不单受到父母的宠爱，更受到爷爷奶奶、外公外婆的溺爱。对于低年级的孩子来说，这样的“4+2”式的家庭倘若没有一套规则，会养成孩子无法无天的性格。等孩子入学后，这些个性会带入课堂，典型的表现就是无视课堂纪律。因此，父母要给孩子树立规矩。

不管规矩有哪些，但都可以分为两类：可以做的和不可以做的。同时也要让孩子明确父母的底线是什么。孩子在家中有规矩，去了学校就会主动遵守课堂纪律。

• 培养孩子的自制力和专注力

一节课有四十五分钟，这就意味着孩子要保持四十五分钟的自制力和专注力，

这样才能保持一节课的听课效率。所以，父母不单单是为了培养孩子的纪律性，为了保持孩子的听课效率，也要加强对孩子自制力和专注力的训练。

在日常生活中，父母可以陪孩子玩一些亲子游戏，比如用筷子比赛夹豆子、木头人、串珠子等，这类游戏可以很好地训练孩子的自我控制力和专注力，如果在游戏中加入一些规则，还可以锻炼孩子的纪律性。此外，还可以让孩子绘画，进行感兴趣的手工制作，这些也可以培养孩子的自制力与专注力。

• 帮助孩子构建和谐的师生关系

低年级的孩子对父母有很强的依赖性，他们喜欢将父母当作一个可以随意倾诉的对象，说一说在学校内发生的开心的、不开心的、有趣的、无聊的事，偶尔也会夸一夸或贬一贬老师的表现。

孩子愿意与父母说这些，表示心里是相信父母的，所以父母说出来的评价会让孩子信若真谛。当孩子向父母说老师很好时，父母要顺应孩子，也夸一夸老师的好，让老师在孩子心中的形象更上一层楼，这样孩子才会在课堂上遵守纪律。倘若孩子向父母说老师不好时，父母不假思索当着孩子的面对老师说长道短，这会让孩子对老师产生意见，这些弊端都会在课堂上或与老师相处时表现出来，例如孩子上课东张西望、不仔细听讲、对老师的话置若罔闻，等等。

所以，当父母对老师有意见时，可以与老师沟通，千万不要当着孩子的面去质问老师。只有帮助孩子构建和谐的师生关系，孩子才会遵守课堂纪律。

• 引导孩子自我反省，换位思考

父母可以让孩子制作一张纪律表，从周一到周五，让孩子自我反思，对自己在课堂表现进行评价，然后再评分，最后要写明下周要表现如何。这种方法可以令孩子自我约束、自我监督，激励孩子养成良好的遵守纪律的行为习惯，不断强大自身的积极方面，抑制自身的消极方面。当然，光靠孩子自我反省是不够的，父母也要给予及时的引导与帮助。双管齐下，孩子才能成为一名积极遵守课堂纪律的小学生。

此外，父母可以引导孩子换位思考，假装自己是老师，想一想老师看到不遵守课堂纪律的同学时，心里有什么感受。这种方法可以逐渐提高孩子的是非观，懂得对与错，明白课堂是一个庄严的地方，继而变得遵守课堂纪律。

引导孩子遵守纪律不仅仅是老师的责任，父母也有很大的责任。所以，父母不妨给孩子多一点耐心、多一点时间，让孩子明白遵守课堂纪律也是一种礼仪。

讲礼貌的孩子人人爱

刘璇是一名二年级的学生，她的成绩非常好，这让她的父母特别自豪。最近，刘璇妈妈发现刘璇的身上有一个很大的缺点，就是不太懂礼貌。就在刚刚，刘璇的妈妈碰到了一位朋友，朋友笑着夸赞刘璇是一个漂亮的小姑娘。可是，刘璇不仅没有说谢谢，反而表现得非常高傲。

对此，刘璇妈妈非常尴尬。她仔细回想了一下孩子往常的行为，发现孩子有许多不礼貌的地方。她意识到，再这样下去，孩子一定会越来越没礼貌，而这无疑对她以后的成长很不利。她决定要一点点纠正孩子不礼貌的行为。

这一天，刘璇像往常一样大声命令妈妈："我饿了，你去帮我拿点吃的。"

以往，刘璇妈妈多数会给孩子拿，但这一次，她选择当作没听见，继续干自己的事。

刘璇见妈妈不理自己，就跑过去大声说："妈妈，我刚刚跟你说我饿了，让你给我拿点吃的。"

妈妈假装诧异，说："哦？你刚刚是在对我说话吗？"

"是的。"刘璇点点头。

"可是，你没有喊我，我不知道你是在对我说话。"妈妈说。

刘璇脑子一转，她笑着说：“妈妈，我饿了，你去给我拿点吃的。”

妈妈摇了摇头，说：“我不能给你拿，你说的话很没礼貌，令我不满意。”

“不礼貌？那我要怎么说呢？”刘璇好奇地问。

“你应该说：‘妈妈，我饿了，请您给我拿点吃的，可以吗？’”

听后，刘璇乖巧地将妈妈的话重复了一遍。妈妈将吃的拿给了她，刘璇接过刚要吃，却不想妈妈又阻止了她。

“妈妈，又怎么了？怎么吃点东西这么难呀！”刘璇嘟着小嘴说。

妈妈耐心地说：“我帮你将吃的拿过来了，你要和我说什么呢？”

“说‘谢谢’。”刘璇想了一下说道。

“那你说了吗？”妈妈反问。

刘璇先是摇摇头，然后才说道：“谢谢妈妈。”

此后，刘璇妈妈仔细观察刘璇的行为，只要发现有不礼貌的地方，她都会及时指出，并纠正。经过多次训练，刘璇逐渐成了一个懂礼貌的孩子。

许多父母会认为孩子的学习比一切都重要，所以当孩子有不礼貌的行为时，多数父母会当时指出，过后便不再留意孩子是否会再犯。也有一些父母会认为，孩子说出不礼貌的话，做出不礼貌的行为是因为天真无邪，等长大了自然会懂礼貌。事实上，这些做法都是错误的。孩子讲文明懂礼貌是需要从小开始培养的，否则就会形成一个坏习惯，形成后会很难改正。再来，中国是礼仪之邦，讲文明、懂礼貌是中国的传统美德，也是一个人的素质体现。

礼貌对孩子非常重要，它能提升孩子的思想与文化修养，能开拓孩子的视野，会让孩子与人交际时立于不败之地。那么，父母该如何将孩子培养成一个懂礼貌的人呢？

• 给孩子创造练习礼貌的场合

良好的习惯并不是靠说出来的，而是靠不断地练习积累而来的，培养孩子讲礼貌也是如此。父母要为孩子创造实践礼貌的机会，让孩子能多次、重复地使用礼貌。

例如，父母可以每天带孩子出去散散步，鼓励孩子见到熟悉的人时主动问好；坐电梯时，可以主动礼貌地询问乘坐电梯的其他人在几楼上下，帮助不方便的人按楼梯层；可以带孩子去商场，让孩子独自购买东西，与售货员交际时使用礼貌用语；可以带孩子去朋友家做客时，让孩子先敲门、先打招呼等。

经过反复的练习，礼貌才能深入孩子的骨髓，孩子才能在不同的场合面对不同的人时快速反应该用什么礼貌。

• 正确处理孩子的不礼貌行为

当孩子做出不礼貌的行为，或是说出不礼貌的话语时，父母不要急着责骂孩子，或是强硬地要求孩子变得礼貌。要先想一想，孩子为什么会有这样不礼貌的行为。

当孩子性格内向、缺乏安全感时，会抗拒与陌生人接触，从而表现出不主动礼貌问好，面对他人的询问表现得很沉默的现象。这个时候，父母如果当众责备、批评孩子，或是拿孩子与其他小朋友做对比，会令孩子心里产生更大的失落，感到紧张和焦虑，从而更抗拒说话，那么不礼貌的行为将伴随孩子很长一段时间。面对这种情况，父母应该耐心引导，鼓励孩子去打招呼，慢慢去回应他人的问话，让孩子一点点走出自己的小世界。

此外，低年级的孩子模仿能力很强，如果周围环境或父母的言行举止存在不礼貌的现象，孩子也会有样学样，表现得不礼貌。因此，父母在处理孩子的不礼貌行为前，要先自我反思，只有先改正自己的不礼貌行为，孩子才会信服，才会改正。但不管是何种原因，父母都要及时纠正孩子的不礼貌行为，尤其是低年级的孩子需要及时去纠正，这样孩子才会分辨出什么是礼貌，什么是不礼貌。

• 赞扬孩子的礼貌行为

父母的赞扬是孩子做一切事情的动力。所以，当孩子对人做出礼貌的行为，或是说出礼貌的话语时，父母要给予表扬和肯定，同时要对孩子说明表扬的原因，让孩子能更深刻地明白礼貌的重要性。比如，当孩子去买冰激凌时遇到长长的队伍，如果孩子主动排队，父母要对孩子的行为表示肯定，并给予表扬，同时要告诉孩子，排队是一个人素质与公德意识的体现，只有大家都排队，才不会有插队的现象。孩子得到父母的肯定与鼓励，才会将这种礼貌的行为坚持下去。

孔子曾经说过：“不学礼，无以立。”这位伟大的思想家、教育家是在告诫人们，想要有所成就，就必须学习礼貌礼仪。所以，父母要关注孩子的行为，帮助孩子一点一点培养出礼貌礼仪。

行为举止要得体

“谢谢阿姨，给小弟弟吃吧，我不饿。”

“奶奶，您手上的东西很重吧？我有力气，我帮您拎一个。”

“妈妈，您今天累了一天了，还是我来拖地吧！”

……

夏普是一名8岁的小男孩，今年上小学二年级，他聪明活泼，成绩优异，更难得可贵的是，他还是一名行为举止十分得体的小绅士，俨然就是许多家长管教自己孩子的“榜样”，是大家口中“别人家的孩子”，样样都很好。

事实上，无论是在学校，还是在家中，夏普都是彬彬有礼，举止得体的，他从不乱发脾气、大吵大闹，遇到事情时也不惊慌焦躁，冷静得仿佛就是一个小大人。

夏普为什么会如此绅士呢？这关键在于长辈对他的培养与教育。

夏普与现今很多孩子一样，出生于一个“4+2”模式的家中，爷爷奶奶、外公外婆、爸爸妈妈全都围着他一个人转。不过，他可没有“小皇帝”的待遇，长辈们在规范自己行为举止时，也会严格规范夏普的言行，从他咿呀学语就开始教导他吃饭不准挑食、遇见长辈主动问好、家中来客人时客人动筷才能动筷、去别人家做客时不能乱动别人家东西等规矩。

长辈们很宠爱夏普，但绝不溺爱夏普。在爱与严格的环境中，夏普逐渐塑造出得体的行为举止。

行为举止得体的表现有哪些？有待人谦和、与人交谈彬彬有礼、穿着大方得体、谈吐高雅不俗等。而行为举止得体的人往往都谦虚谨慎，从不夸大其辞，装腔作势。这样的人往往会受到周围人的喜爱与尊重。

著名教育家斯宾塞曾说过一句话："一个人全部品德的基础就是礼仪修养，那些不良的举止和不礼貌不文明的行为，不但对孩子自身发展不利，而且也会严重危害孩子的品性。"行为举止得体可以帮助孩子快速地融入集体，能更好地适应社会，也将拥有一个美好的人生与未来。可见，让孩子有一个优雅得体的举止是十分重要的。那么，父母如何将孩子的行为举止培养得体呢？

• 引导孩子学会观察

在公交车上，孩子给老弱病残的人让座的行为会受到众人的称赞；

小伙伴不开心时，孩子安慰小伙伴的举动会令小伙伴感到欣慰和温暖；

在认识新的小朋友时，孩子的主动握手会赢得新朋友的好感……

一个人的行为举止是否得体，取决于是否让他人感到舒服。这就意味着，行为举止得体的人往往是善解人意、体贴他人的。

父母在培养孩子得体的行为举止前，可以先培养孩子的观察力。只有观察出他人的需求，才能读懂对方的心思，继而做出让对方感到满意的动作和说出让对方满意的话。否则，即便孩子的行为举止再得体，也得不到他人的认同，白做无用功。

• 给孩子塑造一个良好的生活环境

孟子小时候家住在坟地附近时，他就学别人哭拜，孟母将家搬到市集附近后，他又学别人杀猪和做生意。直到孟母将家搬到学堂附近，孟子才开始认真学习知识与礼仪。可见，环境可以塑造一个人的言行举止。

由于一二年级的孩子年龄小，且善于模仿，所以塑造一个良好的生活环境对他们尤为重要。父母可以怎么做呢？比如，早上起床后，父母可以与孩子相互问好；孩子出门时，父母要提醒孩子整理服装，离开家门前可以来一个爱的拥抱；晚上睡觉前，要与孩子相互说晚安等，用点点滴滴的小事来塑造孩子优雅得体的行为举止。

此外，父母还可以陪孩子一同观看一些规范行为举止等方面的书籍、视频，与孩子探讨一些举止礼仪背后的含义，将礼仪牢记在脑海里。只有为孩子塑造一个良好的生活环境，孩子才会变得行为举止得体，成为人人称赞的小绅士、小淑女。

• 在实践中规范孩子的行为举止

很多时候，父母在教导孩子行为举止礼仪时，会用说教的方式来教导。然而，这种教育方式是空洞的，远远没有实践来得有效。父母可以在不同的场合教导孩子不同的礼仪，用实践的方式来规范孩子的行为举止。

例如，家中有客人拜访时，父母可以利用这个机会来教导孩子在待客时该有什么样的言行举止，如让孩子明白在给人递送茶水时要双手递送；在与客人聊天时，要安静微笑地聆听，且不能随意打断别人的说话；离开座位时，要向客人道歉，并说明离开的理由；不能随意在客厅走动，发出巨大的声响；送客人离开时，要挥手与客人再见等。等下次有小客人来家中做客时，父母可以让孩子亲自招待。

只有经过实践，孩子的行为举止才会变得规范有章程，而相关的礼仪也会牢记于心。

俗话说：“少年若天性，习惯成自然。”只有从小规范孩子的行为举止，才能将其塑造成一名绅士或淑女，而拥有得体的行为举止也将是他们一生的财富。

衔接优化期

中年级

Chapter 5
有些能力，是我所能想到的，留给你最好的家产

教育的精髓在于“育”而不是“教”，授人以鱼不如授人以渔。三四年级处于儿童期的后期阶段，大脑发育正好处在内部结构和功能完善的关键期，是培养孩子各种能力的最佳时期。此时，父母不要一味地向孩子灌输知识，而应重点培养孩子的各种能力，这才是家长能给孩子最久的陪伴和最好的礼物。

给孩子一个问题，让他自己去解决

有一天，小丽在做数学作业时遇到了一道难题，她便向坐在一旁的妈妈“求救”：“妈妈，这道题真的太难了，我实在不会做，您教教我吧。”

妈妈接过小丽的作业本一看，觉得这道题很简单，于是她一边按照题意一步步地写算式，一边给女儿讲解。讲完后她又问小丽：“现在知道怎么做了吗？知道了就自己写吧。”

小丽恍然大悟地说：“我知道啦！”然后把妈妈写在草稿纸上的计算过程抄在了作业本上。

生活中，许多妈妈都会以这样的方式帮孩子解决难题。实际上，这种方式会造成孩子的“思考依赖”。当孩子习惯了向父母“求救”之后，等他们再遇到不懂的问题时，她们便不再愿意进行独立的思考了，而是指望父母直接告诉他们答案。

当孩子到了三四年级后，他们便进入了儿童中后期。此时，他们学习的科目会逐渐变难，许多孩子在学习中遇到困惑或困难时，首先会想到寻求父母的帮助。此时，如果父母直接告诉他们解决问题的方法，就会剥夺他们独立思考的机会，让他们养成“思考依赖”。

孩子在学习中遇到问题，父母给予帮助是理所应当的。但这里的帮助，并不是

说直接告诉孩子“答案”或“结论”，而是要启发和鼓励孩子自己去思考，去运用所学知识找到解决的办法，从而弄明白答案究竟是怎么来的。只有这样，当他们下次再遇到类似的问题时，他们才能够轻松解决。

因此，当孩子在学习中遇到了不会的题目，父母不要直接告诉孩子答案，也不要对孩子进行过“透”、过“细”的辅导。父母可以告诉孩子：“这个题目没有你想象中那么难的，我相信你通过自己的努力也能解答出来，不如你先自己试着做一做。”通过这样的方式，鼓励孩子独立去寻找解决问题的方法，培养孩子的思考能力。

当孩子通过努力确实无法解决问题时，父母可以适当地给孩子提供一些提示和指导，为孩子搭建一个解决问题的框架。在上面的案例中，小丽因为不会做题而向妈妈寻求帮助，妈妈正确的做法应该是先不给小丽做详细的讲解，而是帮助孩子整理做题思路，给孩子一些解题提示，让孩子试着通过自己的努力去得出正确的答案。在这个过程中，一方面可以锻炼小丽的独立思考能力和自主解决问题的能力，另一方面还可以让小丽积累学习经验。

俗话说，授人以鱼不如授人以渔。要想培养孩子独立思考以及自主解决问题的能力，促进孩子的成长，让孩子在今后的学习和生活中遇到问题和难题时不惊慌、不依赖父母，父母不妨给孩子一个问题，让他自己去解决。

具体来说，为了培养孩子自主解决问题的能力，父母可以这样做：

• 让孩子了解解决问题的过程

让孩子清楚解决问题的目的和过程是指导孩子学习解决问题的第一步。当孩子遇到问题时，首先要教孩子学会问自己：“要解决问题的当前情形与将要达到的目的之间有多大差距？如何减少这个差距？”一般来说，孩子解决问题的技能是在众多不同类型的解决问题的实践活动中培养出来的。除此之外，相关信息的提取对于培养孩子解决问题的能力也非常重要。所谓提取，就是使问题清晰化，去掉多余的信息，让重要的问题凸显出来，从而方便对问题进行全方位的分析。

• 和孩子共同探讨解决问题的障碍

孩子无法摆脱已有知识和假设的束缚也是造成他们不能顺利解决问题的关键。

假设有这样一个问题：在天花板上挂着两条绳子，这两条绳子之间有一定的距离，当你拽住了其中的一条绳子，就无法够着另外一条。房间里还有剪刀、铅笔和一些口香糖。请问你如何利用房间里现有的材料，将这两条绳子连接起来？很多人会觉得这个问题很难，其实这个问题的答案很简单：将剪刀拴在一条绳子上，这条绳子便具有了一定的重量，然后再将这条绳子抛向另一条，两条绳子便有机会碰到一起。之所以人们会觉得这个问题难，是因为人们对剪刀有了固定的认知，无法把它想象成一种具有重量的工具。假如我们将剪刀换成“秋千板”或其他与重量有关的词，那么这道题解起来就会简单很多。从这个例子中我们可以看出，当人们无法摆脱对事物的已有知识和使用习惯时，人们在解决问题时就会遇到更多的障碍。

• 教孩子创造性地解决问题

教孩子创造性地解决问题至关重要。这是因为，孩子们在以后生活中遇到的大多数问题，都要求孩子具有创造力。与分析性的按部就班解决问题有所不同的是，创造性地解决问题必须坚持的一个重要原则便是避免得到一个特定的解法。也就是说，创造性地解决问题需要对问题进行反复的掂量，对待同一问题应从不同方面进行多角度的思考，寻找不同的解决办法。

做事分等级，抓住“牛鼻子”

“妈妈，妈妈，明天我们去游乐场玩儿好不好？同学们说那里新增了很多好玩的项目。”10岁的陈浩拉着妈妈的手说。

“可是，后天你要考试啊。”妈妈说。

“哦……好烦哦！我想好好考试，也想体验新的游乐项目，怎么办啊妈妈？”陈浩为难道。

于是，妈妈心平气和地说：“妈妈觉得准备考试是最要紧的事！你想啊，万一你考砸了，成绩很差，爸妈都会不高兴。那么以后我们就没心情陪你玩了，你肯定也会不开心，对吗？”

“对哦！那我还是先好好准备考试，我不想失去玩的机会，也不想让爸妈生气！”弄清事情轻重后的陈浩说。

有的时候，孩子做起事情来杂乱无章，这是因为孩子还小，还没有意识到不分轻重缓急会造成什么后果。案例中的陈浩做事不分主次，把玩放在学习考试之前，是很不明智的，好在有妈妈的提醒，他才知道考试比玩重要。

很多孩子一天到晚瞎忙，但是等到晚上睡觉的时候，父母问他都学到了什么，他们却说不出具体的东西来。这是因为孩子做事的时候不分轻重缓急，将所有的事情都杂乱地混在一起，以至于最终什么都没做好。

因此，要让孩子轻松面对各种或急或缓、或轻或重的事情，父母就应让孩子学会做事分等级，抓住“牛鼻子”，也就是做事要分轻重缓急，“要事第一”。

作为父母，我们要教孩子在做事之前学会科学地安排，保证“要事第一”，正所谓“擒贼先擒王”，只有抓住牛鼻子之后，才能根据各种事件的轻重缓急来安排身边的事情。如此一来，孩子能做到分清轻重缓急，做事成效才会显著，才能最大限度地掌控时间。

基辛格博士曾担任美国国务卿，尽管每天的工作都很繁忙，但他总能使一切井然有序地进行。对于自己的成功，基辛格博士给出了自己的解释：“不能以自己认为合理的方式去处理问题，就某件事情一直工作完为止，而要明白，把许多问题放在优先次序中，并优先做那些更重要的事。”

为什么我们要教孩子学会做事分等级，抓住“牛鼻子”呢？道理很简单，每天总有几样事情等孩子去做，如果孩子把精力和时间花在无关紧要的事情上，而重要的事情一拖再拖，其间孩子的时间和精力会被一点点地消磨掉。当孩子精神状态不好的时候，怎么可能把重要的事情完成呢？一个老是无法把重要事情完成的人，又怎么会控制时间呢！

因此，我们要教孩子善于对事情进行整理，千万别把重要的事情都推到最后，更不要集中精神和时间在一些无关紧要的事情上，而是要重点去处理那些重要的事情。让孩子学会“要事第一”，有利于孩子控制时间，将原本非常混乱的事务整理出一个清晰的脉络，排列出先后顺序。如此一来，按部就班地分配时间，做事效率也就高很多。

凡事都有轻重缓急，重要性最高的事情，应该优先处理。那么，如何教孩子学会做事分等级，抓住“牛鼻子”呢？

• 教给孩子将事情分等级的方法

确定好每件事情要花费的时间，我们可以教孩子把要做的分类，一般来说，孩子学习、生活中的各种事情都可分为这样四类：重要且紧急的事情；重要但不紧急

的事情；不重要但紧急的事情；既不重要也不紧急的事情。在教育孩子的过程中，父母帮助孩子按照这种顺序规划好后，就可以开始执行了。

• 和孩子及时沟通，保证正确的做事顺序

虽然我们可以帮孩子将事情分成以上四类，但是孩子的想法和我们的想法可能有所不同。有的事情，我们觉得重要且紧急，可孩子却可能会觉得那个很紧急却并不重要，甚至会认为那个既不重要也不紧急，我们和孩子之间就会存在意见分歧。

出现分歧时，我们要先听听孩子的想法，在了解孩子的想法后再决定。如此可以在生活中培养孩子的判断能力，让他能发自内心地意识到什么才是他当下最应该做的事情，培养他区分轻重缓急的能力，以保证他不会耽误正事。

另外，我们也不能只让孩子做这些事，他的生活中除了做重要的事情还应该有休息或一些娱乐的项目。所以，我们可以将这些调节类的项目穿插到孩子要做的事情中间，保证他能有身心上的休息和调整。

• 要学会站在孩子的角度看待事情的轻重缓急

由于成人和孩子看待问题的角度不同，很多时候对同一事物的看法会不尽相同，甚至得出截然相反的结论。这时，我们需要站在孩子的角度上想一想，假如不违反原则，不妨按照孩子心目中的轻重缓急来安排事情的优先顺序。

比如孩子的学习不怎么好，我们打算给孩子每个学科都报一个补习班，但是孩子却不想多报，只想报一个语文学习班。这个时候，我们不妨站在孩子的角度想一想，正所谓贪多嚼不烂，统统学了可能既累又没效果，不妨先让孩子在比较重要的一两个科目上得到加强，在重点学科有了起色之后再慢慢地将时间和精力投到别的科目上。

既要上课，又要上补习班，还要学习钢琴……当孩子有太多的事情需要做时，告诉孩子先不要慌慌张张，按上面的方法教孩子先对这些事情进行排序，分清事情的轻重缓急，做到抓住“牛鼻子”。坚持让孩子每天做最重要的事情，经常这样做，以后即使事情再多孩子也能游刃有余，并成为一个高效达人。

为此，在开始做一天的事情之前，最好先问问孩子：“你今天最重要的事情是什么？”“哪些事情是你现在非做不可的？”“为什么你需要完成这件事情？它是否对你很重要？”“你正在做的事情是否最合适现在这段时间？”……然后让孩子将所有事情列一份表格，标注“重要且紧急的事件”，并且依次写下日期和时间，这就是孩子接下来要重点对待的事情。

孩子“过目不忘”不是梦

蕊蕊爸爸最近升职了，工作地点也迁到了另一个城市。因为要跟着爸爸一起调动，蕊蕊也转到了爸爸工作地附近的一所学校上学。上课一周后，妈妈问蕊蕊感觉怎么样。蕊蕊回答道：“我觉得这所学校别的都挺好的，就是英语课进度比自己原来学校要快一些，这里的同学掌握的词汇量比我多很多，我有点跟不上，但我又不知道该怎么办，心里很着急。”

听了蕊蕊的话后，妈妈也很着急，因为她也不想蕊蕊落后同学太多。为了帮助蕊蕊尽快赶上学习进度，妈妈在网上搜索了很久，终于找到了一种对孩子的记忆很有帮助的理论——遗忘曲线规律。在对遗忘曲线规律进行了详细研究后，妈妈决定试一试，希望能通过它帮蕊蕊把落下的单词补回来。

第二天送蕊蕊上学后，妈妈找到了蕊蕊的英语老师，请她帮忙将蕊蕊目前应该掌握的词汇整理了出来。下午放学后，妈妈又陪着蕊蕊一起将蕊蕊还没有背过的单词挑了出来，并让蕊蕊认真地将那些没掌握的单词背了一遍。蕊蕊背完后，感觉记得并不熟，想再背一遍。此时，妈妈没有再让蕊蕊继续背下去，只是让蕊蕊照着单词又读了一遍，加深记忆。

第二天一大早，妈妈提前十分钟叫醒了蕊蕊，让她利用早上宝贵的时间背一遍昨天的单词。此时，昨天背诵的单词已经被蕊蕊忘记了一大半，不过这次背完后，蕊蕊觉得记得更牢固了。第三天，妈妈又提前叫醒蕊蕊让她背诵了一遍单词，这时蕊蕊觉得自己基本已经记牢了。但妈妈说，还需要继续加深记忆。后来妈妈又隔三岔五地让蕊蕊背诵了几次单词。

半个月过去了，蕊蕊发现自己已经完全掌握了少背的那些单词，而且比其他学得早的同学记得更牢。就这样，蕊蕊的英语成绩很快便赶上来了。

记忆力是影响孩子学习成绩的关键。对于孩子来说，他们需要掌握的很多知识都是纯记忆性的，即便是另外一部分需要理解的知识，也必须建立在一定的记忆基础之上。在上述的案例中，蕊蕊的妈妈之所以能帮助蕊蕊在短时间内记住英语单词，正是因为她培养了蕊蕊“过目不忘”的记忆能力。

当孩子上小学三四年级后，他们需要学习的知识和科目就逐渐增多了。因为要记忆大量的信息点，此时，孩子们通常会觉得自己的大脑有点“应接不暇”。倘若孩子没能掌握正确的记忆方法，他们便会经常“记了这个忘了那个”或者“今天记、明天忘”。因此，这个阶段的家长应该充分重视对孩子记忆力的培养，积极地引导孩子巧妙地利用记忆规律，让孩子的记忆保持“常新”，避免孩子“忘东忘西”。

对孩子来说，记忆力十分关键。我们经常会看见那些为了记住更多知识而埋头苦读、掩耳苦背的孩子，但他们往往当时记住了，转眼又忘了。父母要想扫清孩子学习路上的障碍，让孩子掌握“过目不忘”的本领，必须帮孩子掌握正确的记忆方法。

据德国心理学家艾宾浩斯研究显示，人们在记忆之后很快就会开始遗忘，且遗忘的速度并非匀速，遗忘速度呈现刚开始很快，越往后越慢的规律。根据实验结果，他描绘了一条描述遗忘过程的曲线，这条曲线就是著名的艾宾浩斯记忆遗忘曲线。

通过这条曲线我们可以发现，人的遗忘是有规律的。要想记忆更牢固，那么在学习新东西后，就应该抓紧时间复习几次，通常，如果第二天不温习前一天学习的知识，那么前一天记忆的东西就会忘记3/4。

要想让孩子有一个好的记忆力，父母应该在了解孩子记忆规律和遗忘规律的基础上，对孩子加以细心的引导。以下提供一些实际可用的方法，希望对父母们有所帮助。

• 让孩子每天花一点时间来复习

学习是一个记忆和理解的过程。在这个过程中，记忆起关键性作用。遗忘曲线规律告诉我们，孩子在学习了某些新知识后，要不断地针对已记住的知识进行复习，因为复习是一种古老而又实用的记忆诀窍。所谓记忆，就是大脑皮层形成暂时神经联系的过程，当这个联系过程不畅通的时候，原来大脑中保留的内容就会逐渐消失，此时，就需要借助复习来加深对大脑中痕迹的印象。复习应该在第一次痕迹还未完全消失前就进行，紧接着还要进行第二次、第三次重复刺激。一般来说，刺激的次数和对痕迹的记忆深刻度是呈正比的，次数越多，记得越牢。因此，父母督促孩子复习功课，可以帮助他们加强记忆。

具体来说，父母在督促孩子复习他所学的知识时，既可以采用让孩子复述的方法，又可以采取让孩子看书或者做题的方法，只要能保证孩子将已掌握的知识点再过一遍就可以了。对于那些年纪还比较小的孩子，父母还可以采取让他们回家以后给自己当“小老师”、把在学校学到的东西复述一遍给自己听的办法来取得复习的效果。

• 用不同的方式记忆

许多人都会有这样的经历，当看到一道题时，往往能想起这个知识点是在书上的什么位置，以及那一页的插画是什么，却想不起这个知识点的具体内容。每个孩子都有自己的记忆特点，针对孩子的记忆特点来采用不同的记忆方法，能取得事半功倍的记忆效果。例如，有些孩子对视觉敏感，就可以将需要记忆的内容在笔记本上总结一遍，有的孩子对听觉敏感，就可以让孩子把需要记忆的内容录下来多听两次。

• 不要一次性学习太多新东西

复习和消化都需要一定的时间，父母和老师在教给孩子新知识时，一次不要灌输太多内容。那些有经验的老师在讲课时，每个重要的知识点都会讲得很慢，举很多例子，通过不断的重复内容去加深孩子的记忆。父母在教孩子学习时，也不要急于求成，应该给孩子留够巩固时间。孩子只有经过几次复习和反思，才能将所学的新内容融入自己的知识体系。

社会适应力不能少

沐沐是一个漂亮的小女孩，今年10岁了，上小学四年级。最近妈妈接她回家时发现，其他的孩子都是三三两两、结伴而行一起从学校出来，而沐沐却总是自己一个人慢吞吞地走出来。最开始妈妈以为她只是和同学闹矛盾了，就没有太在意，可是后来发现沐沐一直都是这样的情况，妈妈心想，难道孩子在学校过得不快乐？于是连忙给老师打电话询问孩子在学校的情况，老师反映说，沐沐在学习上也不太合群，当别的同学都在一起热闹地讨论问题时，沐沐总是一个人坐在座位上看着，当同学们邀请她一起参加讨论时，她却总是摇头拒绝。

说到最后，老师安慰沐沐妈妈说："这也不是什么大问题，可能就是她性格有点孤僻、不太合群而已，过一段时间就好了。"

看完这个案例，你有何想法？正如老师所说，沐沐没有什么大问题，只是不合群而已吗？

从心理学角度来说，不合群其实是一种退缩性行为。不合群的孩子往往性格孤僻，不愿意或者不知道怎样与他人相处，而且不能和周围的伙伴融成一个整体，导致孩子无法适应社会。长此以往，这种不合群的行为只会让孩子变得越来越自卑，无能感越来越强，甚至还有可能出现攻击他人的行为。

所以，沐沐最大的问题并不是不合群，而是适应能力差。

导致孩子不合群、孤僻的原因有很多，从心理学的角度来说，主要有以下三种原因：

一是不良环境的影响。现在的父母大多工作繁忙，没有时间陪伴孩子，再加上居住环境的闭塞，邻里之间也没有正常的交往，导致孩子缺少玩伴。这种长时间的封闭环境使孩子不愿意与人交往，不愿意说话，最后形成孤僻的性格。

二是教养方式不当的影响。当孩子与其他小朋友发生矛盾时，父母为了不让自己的孩子吃亏，往往会教孩子要学会保护自己的零食或玩具，甚至告诉孩子可以不和他交往。父母的初衷也许是为了让孩子学会远离危险，却不知，这种教养方式只会使孩子更孤僻、更不愿意与他人交往。

三是“斥责效应”的影响。当孩子把其他小朋友的玩具弄坏了或是把对方弄疼了的时候，父母会立刻斥责孩子，并警告他下次不允许再犯。其实这只是孩子人际交往中的小“纠纷”而已，当孩子受到斥责后，可能会在以后的人际交往中无所适从，不知道该如何与小朋友相处，甚至因此产生社交恐惧。这种斥责效应也会导致孩子不合群。

小学三四年级，正是孩子儿童阶段的重要时期，当孩子出现了性格孤僻、不合群等特征时，父母要加强对孩子的关注，不能让不良的心理影响孩子的身心健康。

令人感到遗憾的是，在现实中，很多父母都有这样一个错误的思维——只要孩子健康、快乐、成绩好就可以了。于是，经常会看到这样的情形：

当孩子2岁时，你忙着做早餐，忙着教英语单词，却没有教他不能随便拿别人的东西，没有教他做人要懂规矩懂礼貌；

孩子8岁时，你忙着让他学书法、学钢琴、学画画，却没有教他不能霸占公共玩具，没有教他跟小朋友玩要要愉快、要和谐；

孩子10岁时，你忙着关注他是否考试优秀被表扬，却没有教他尊重老师、感恩父母；

孩子15岁时，你忙着操心他能否考上好的大学，却没有教他如何让内心变得

强大……

社会是检验一个人和父母的最终标准，而这个标准是综合性的。也许在父母的眼里，孩子是成功的，如你所愿地考上了名校，成为高才生，而且还多才多艺。可是在社会标准的衡量下，他是一个完全不能适应社会的、自私、冷漠、脆弱、没有担当的人。

龙应台说“所谓父女母子一场，只不过意味着……今生今世不断地目送他的背影渐行渐远”。假如你真的爱孩子，那么，请你一定要在孩子步入社会之前，培养孩子适应社会的能力，让他用自己的头脑和双手创造属于自己的辉煌人生。

要培养孩子适应社会，父母可以借鉴下面的做法：

• 让孩子具备人际交往的能力

人际交往能力是孩子必须学会的一个适应社会的能力。人是群居动物，所有人都不可能离开集体单独存在。孩子通过集体活动可以学习他人的经验和技巧，可以获得有价值的信息，可以学会如何与他人沟通并共同完成某项任务。

为了让孩子具备人际交往的能力，学会处理人际关系，父母要鼓励孩子积极参加集体活动，让孩子多与同龄的小朋友接触，鼓励孩子交朋友，让孩子在交往的过程中学会出主意、想办法，当和小朋友发生冲突时，也要学会解决冲突和矛盾。

• 让孩子及早认识到社会的残酷

可怜天下父母心，所有的父母都想给孩子最好的，不想让孩子受到伤害，希望孩子眼里只有真善美。可是天黑路滑，社会复杂，社会中的险恶并不是你不说就不存在的。父母要知道年龄越小，适应力越强，孩子的适应能力远超成人，特别是心理适应能力。

父母要做的是尽可能多地教会孩子爱，爱自己、爱生活、爱他人，在教会孩子爱的同时帮助孩子及早认识到社会的残酷。要让孩子明白，保持善良的同时也要认清罪恶。

• 让孩子必须了解基本安全常识

2017年7月14日，23岁的李文星永远离开了这个世界，这个刚从985重点高

校毕业的高才生，这个对未来充满了希望和热情的90后少年，因为找工作时被骗入传销组织，绝望之下结束了自己的生命。

同时还有一则“18岁的大学生被骗5000元学费后自杀”的新闻也被众多网民关注。

以上事件，哪一个不是血淋淋的教训，哪一个不令人扼腕叹息。这些事件让人们不禁思考：一个23岁的高才生为何会如此轻易地被骗入传销？一个18岁的生命为何停止在电信诈骗前？那么多的大学生为何都败给一群无良的社会败类？

究其根本，是因为父母对孩子过度的保护，让其失去了适应社会的能力。父母要明白，虽然你可以为孩子提供安逸的、完美的生活，但是你不可能一辈子都陪着他。

如果你不想孩子以后稀里糊涂地被骗，就要教会他分辨善恶，也不要把他保护得太好，孩子总有一天会长大成人，也总有一天会独自面对这个社会。比如在李文星事件中，仅凭一个电话面试，问几个简单的问题就通知入职，这一异常的流程，其实只要稍加注意或者稍微有安全意识都有可能避免悲剧的发生。

因此，父母一定要提早地告诉孩子生活中的一些基本安全常识。

有句话说得好，教育的目的，本来就是要让孩子在他“羽翼渐丰”的时候，能够真正具备生存的能力。如果你真的爱孩子，就教会他和这个世界相处的能力，这是你对孩子最大的帮助和保护。

孩子从小学理财，将来财才会理他

有一天，小刚放学后买了一把玩具枪。妈妈看这个枪挺高级的，便问儿子花了多少钱。小刚说："50块钱买的，好多同学都买了，真的挺好玩的。"

"就这么一把枪要50块钱？你也真舍得！"听完小刚的话，妈妈生气了，狠狠地批评了小刚。

之前，为了让小刚学会理财、锻炼小刚的自主能力，妈妈曾经在过年时给过小刚500元压岁钱，让他自由支配。这一次，妈妈决定看一下小刚还剩多少钱。谁知道一检查，妈妈更生气了。开学不到一个月，小刚就花掉了100元的零花钱。在妈妈的追问下，小刚说出了零花钱的用途，除去这次买玩具枪的50元，剩下的小刚都用来买零食了。

"每天爷爷都会去接你放学，你怎么会有时间买零食吃？"妈妈继续追问。

"放学时，家长们都在学校对面等着，趁他们不注意，就可以跑到校门口的小卖部买东西。我们几个同学轮流请客，每天都有人出钱买东西，大家一起吃。"小刚坦白道。

其实，生活中像小刚这样不懂得如何支配自己的零花钱、不会合理用钱的孩子还有很多。

通常，孩子在小学三四年级时对于花钱并没有很强的意识。当他们看到别的小朋友买这买那时，他们也会想买。当他们和大人一起上街时，也一定会要东西。当孩子渐渐长大，家长们也会相应地给孩子一些零花钱。而孩子们对待零花钱的态度一般都是兴奋，认为有了钱终于可以去买自己想买的东西了。当孩子的物欲得到满足后，他们的胆子也会越来越大，花钱也会更大手大脚。当有限的零花钱不能满足他们日益增强的物欲时，他们甚至会绞尽脑汁想各种方法从家长手中骗钱。

追究起来，造成孩子花钱大手大脚、不会计划开支的罪魁祸首还是父母。大部分中国家长活着的第一宗旨都是为了孩子、要给孩子最好的生活。生活中，他们总是在说“为了孩子”“不能委屈了孩子”“一定要给孩子最好的”，他们对待孩子总是有求必应，哪怕他们自己过着最简朴的生活，在花钱方面也一定不会克扣孩子，哪怕他们自己省吃俭用，也一定要满足孩子的各种需求。

事实上，普通的工薪家庭要承担孩子的生活费用和读书费用本身就已经是一件不轻松的事情了，如果再让孩子无节制地花钱，对孩子提出的不正当消费要求无原则地给予满足，一方面会增加家庭负担，另一方面对于孩子的成长也十分不利，容易激起孩子更高的消费欲望，把他们引入消费的误区。在对待孩子花钱这件事上，父母一定要有原则，要视家庭经济状况把好孩子的消费关。

从某种程度来说，孩子乱花钱的现象折射出了家庭教育中的一个盲点——理财教育。父母们要想培养孩子正确的花钱观，帮助孩子戒除大手大脚花钱的坏习惯，就一定要重视理财教育。

• 给孩子适量的零花钱

为了让子女体验节俭的必要和挣钱的艰辛，父母应该本着“宁可小气一点儿”的原则，视自己的经济情况以及孩子的实际需求，给予孩子适量的零花钱。那些即使囊中羞涩也要和别人攀比，给孩子过多零花钱的溺爱型家长，往往会培养出不珍惜劳动成果、不知道生活甘苦、花钱大手大脚的孩子。父母一定要经常给孩子灌输钱是父母辛勤劳动所得的观念，让孩子知道零花钱来之不易，让孩子学会珍惜，培养孩子管理金钱的能力。

• 引导孩子正确使用零花钱

父母在给孩子零花钱的时候，一定要和孩子强调：零花钱是用来补充学习和生活之必需的，尽量在需要时用，应该减少花在买吃的、买玩的方面的数额。如果孩子理解了父母给零花钱既是对他们的一种信任，也是对他们的一种考验，他们在花钱时，就会更节约，更经得起外界的诱惑。当孩子明白了“幸福不会从天降，不下苦功花不开”的道理后，他们自然能拥有良好的自控能力。

• 帮助孩子管好零花钱

对待孩子的零花钱，父母一定要坚持“少则不加，多则不减”的原则。如果孩子的零花钱少了，父母不应该再给；如果孩子的零花钱结余多了，父母也不能让孩子“上交”。许多孩子自控能力很好，他们喜欢将零花钱存起来，对于这部分结余下来的零花钱，父母可以给孩子三种选择：一是交家长保管，二是自己保管好不遗失，三是存银行。此外，父母还可以培养孩子记账的好习惯，方便到月底的时候和孩子一起讨论，哪些钱该花哪些不该花。

• 培养孩子抗御金钱诱惑的能力

父母在教育孩子时，应该经常向孩子强调：金钱不是万能的，金钱也具有两面性，它既可以改善人们的生活，也可以让人误入歧途。为了培养孩子正确的金钱观，父母可以多和孩子讲一些勤俭节约的优秀人物故事以及一些人被金钱腐蚀而走上犯罪道路的故事。通过正反两方面的对比，去启发孩子。

此外，父母可以鼓励孩子多参加一些城里孩子与农村经济欠发达地区孩子的“手拉手”活动，让孩子在对比中明白人间疾苦，培养节俭的好习惯。

那些有校办小商店的学校也不能为了利润而忽略对孩子的节约教育，应该主动配合家长教育孩子管好零花钱。

让孩子学会理财，既是让他们学会用钱，也是培养他们的“财商”，能使他们终身受益。

Chapter 6
一切知识中最有价值的是关于方法的知识

步入中年级，随着科目的增多，难度的加大，不少孩子会遭遇学习困境，此时，父母不仅要陪孩子学习知识，更要陪孩子探索和总结好的学习方法！学习是有一定方法可循的，好的学习方法让孩子事半功倍。请相信，这世上没有笨孩子，只有笨方法。

出错不可怕，不妨建个错题本

一天上课时，王老师对五年级的同学说道：

“通过这几天对同学们上学期学习情况的调查，我发现我们班很多同学的数学学习能力要落后其他班级同学很多。因此我决定从明天开始，每天利用早自习时间做一些简单的小测试，在测试中排名最后的十位同学要上台发言，说明自己错在哪里。”

同学们对于王老师的决定很是不满，一时间，教室里嘀嘀咕咕地充满了埋怨声。对于大家的反应，王老师什么也没说，只是催促着大家赶紧准备，明天就要开始测试了。

第二天考试结束后，方方做得不错，十道题中仅仅错了两道。方方心中很是得意，觉得自己已经掌握了相关的数学知识，不用再过多地复习，回家可以放心地看电视了。

第三天，王老师又进行了一次测试，而方方又错了两题，还是和上次一样的题型。

“每次都是这两题，王老师什么时候能不出这两题啊，这样我就能全对啦！”方方正在嘀咕，王老师却点到了他的名字，让他上去讲解自己做错的原因。方方

很是疑惑，自己才错了两题，怎么就排名倒数了呢？难道其他同学都考了100分或90分吗？

王老师看出了方方的疑惑，严肃地对方方说："你一连两次做错了同类型的题，一错再错是大错，虽然你得了80分，成绩也属于中上，但是你仍然需要认真反省。"

方方惭愧地上台做了错题说明。回到座位上后，王老师对他说："今天放学回家后，记得把错题拿出来，认真地做三遍，以后不要再犯同样的错误了，知道吗？"

方方明白了王老师的良苦用心，回家后，他认真地将做错的题目誊写在笔记本上，并做了三四遍，希望自己以后再也不要犯同样的错误。

像方方一样喜欢在同一个地方"摔"两次，每次考试都做错同样题型的孩子还有很多。而方方之所以犯这样的错误，是因为他在拿到试卷后，只看了考试分数，并没有看错题，对错题没有重视也没有分析。

事实上，考试中做错题并不可怕，但如果对错题不够重视，不去研究自己为什么会做错、究竟错在哪里，就不能吸取教训，下一次考试依然会出错。正确的做法应该是在考完后，对于那些错题要认真地重新做一遍，并分析做错的原因，避免下次再出错。

作家沈从文曾对自己的表侄——大画家黄永玉这样说道，摔倒了赶快爬起来，没人欣赏你砸的那个坑。这句话用在学习上也是如此。

考试出错无外乎有两个原因，一是由于知识上的问题，二是由于思维上的问题。如果出错后对于错题熟视无睹，或者仅仅是将错误改正，既没有弥补知识上的漏洞，又没有纠正思维中的误区，那么下次你遇到这种题后，依然会出错。

正如某个高考状元曾说过的那样："出错的地方，正是我们学习中最薄弱的地方，把这些地方弄懂，避免在同一个地方摔倒第二次，比把十道习题演算正确的收效更大。"从这句话中我们也可以看出，那些学习成绩好的同学之所以能在考试中取得高分，并不是因为他们不会犯错，而是他们重视错误，他们会在考完后对错题

进行认真地分析，减少下次犯错的概率。

为此，父母可以为孩子准备一个错题本，让孩子把自己做错的题在错题本上重新做几遍，直到融会贯通为止。对于错题本上的错题，父母还应该提醒孩子经常翻阅，加深记忆。具体来说，父母可以借鉴下面的技巧教会孩子使用“错题本”：

•凡是遇到错题一律记下来

在第一个阶段，父母应该教孩子将错误原题记录在错题本上，并把解答的方法也详细地记录下来，让孩子一有时间就拿出来温习。

这个阶段最难的便是坚持，因为孩子们往往会觉得整理错题是“没用的”，是在浪费时间，做了几天就放弃了。有些孩子好不容易坚持记录了十几页，但在翻阅前面整理的题目时，又会觉得将这么简单的题目整理下来太耽误时间了。此时，父母应该做好引导工作，告诉孩子之所以觉得题目简单，正是因为他们记录了错题，并且在经常翻阅的过程中熟悉了错题。整理错题是提升自己的一个重要方式，而绝非一项任务。当第一阶段坚持下来后，纠错便成功了一半。

•有选择性地记录错题，并且把更多的思考记录下来

如果孩子们按照第一阶段操作了一段时间后，学习水平得到了相应的提高，并确实感觉到第一阶段的错题技术含量太低，对后来的复习意义不大时，就需要更换纠错方法了。此时，为了节约时间，可以在条件允许的情况下将错题直接撕下来贴在纠错本上（如果条件不允许还是应当把题目完整地抄在错题本上），除了要记录每道题的解答过程，还应该认真思考这道题当时为什么做错了，将老师的讲解以及自己从讲解中学到的知识，统统记录下来。

这时，有的孩子可能会觉得自己不知道如何去写过程，那么父母应该告诉他们，像写作文那样去记录自己的思考过程就可以了。一般来说，第二过程要坚持一个月后，孩子才能真正体会到这样做的好处，并且乐于做这件事情。

•错题本不仅局限于整理错题

错题本除了要整理错题，还可以记录老师在课堂上讲述的知识要点。当孩子在课堂上学到了某个新的知识点，下课后，他可以将这个知识点整理一下记录在错题

本上，并把相关题型也记录下来。比如上完数学课后，孩子们可以将老师整理下来的有关易错点、思路、突破口认真记录下来，并且在平时经常翻阅，将这些知识真正变为自己的知识。

最后需要提醒大家，无论是父母还是孩子，都不要过分看重某次考试的成绩，因为考试对于孩子只是一个发现错误的过程，相对于考试分数，弄清考试中错误的原因更重要。

英语也可以“戏剧化”

程程今年9岁，上小学四年级，她的英语成绩非常不错，而这一切，离不开父母寓教于乐的英语教学方式和良好的学习英语的家庭氛围。

程程的爸妈从小便非常重视对程程的英语教育。为了营造良好的学习英语的家庭氛围，在程程刚刚接触英语的时候，程程的父母便在家里所有的家具、电器、玩具和日常用品上贴上了英文标签，方便程程学习。在家里，程程的父母也总是尽量用英语和程程对话，培养程程的语感，并且经常对程程说一些诸如“Very good!”“Wonderful!”“You are great!”“Great!”等鼓励的话。

有了培养程程学英语的兴趣和学英语的成就感，程程的父母还总是向她请教英语方面的问题，比如“这首歌用英语怎么唱啊？”“这个词语用英语怎么说啊？”因为能帮助父母，程程总是特别有成就感，学英语的动力也越来越足，每天回到家，都迫不及待地要和父母分享当天学到的英语单词。

程程的父母还经常让程程参与一些英语游戏，寓教于乐，让程程在快乐的氛围中轻松学习。程程很喜欢看动画片，爸爸妈妈便专门找来一些原版英文动画片给她看，在满足程程娱乐需求的同时，也培养了程程的语感。每当剧院有英文儿童舞台剧的时候，爸爸妈妈也总是第一时间带程程去看。看过以后，爸爸妈妈还会和程程

在家里模仿一些表演片段，加深记忆。除此之外，程程的父母还经常和程程一起用英语表演一些生活中的常见场景、书本里的情景剧等。

因为父母的重视，也因为父母教导有方，程程的英语成绩在班里一直名列前茅。

看过程程父母引导孩子学习英语的方法后，你是否有所领悟？其实，孩子学习英语不用那么枯燥，英语也可以很“戏剧化”地学习。程程的父母为我们做了一个很好的典范。

相信没有一个孩子会喜欢呆板、枯燥的学习方式。对于孩子来说，如果我们能营造一个温馨愉快的家庭环境，寓教于乐，将“戏剧化”融入英语学习中，充分调动孩子学习英语的兴趣和积极性，孩子就会发自内心的愿意去学习，学习效果自然会提高。

将“戏剧化”融入英语学习中去，既符合小学生的身心发展特点，又符合“以学生为中心”的教育理念，而且还具有趣味性强、情景主题鲜明、语言实践机会多等优点，能帮助孩子灵活掌握外语技能，对于培养孩子的实际英语交际能力具有很重要的作用。

要想让英语“戏剧化”，帮助孩子真正学好英语，父母不妨这样做：

• 播放英语动画片、英语儿歌，培养孩子的语感

作为人类最重要的交流方式，语言最基本、最直接的表现形式本身就是声音。“听”对于英语学习十分重要。这里的“听”一方面是强调要进行听力训练，另一方面是强调在“听”的过程中要真正理解语言的含义，并且在“听懂”之后自然而深刻地记忆。孩子在学英语的过程中多“听”对培养语感十分必要。

一般来说，孩子到了三四年级之后就会出现两极分化，有的孩子越学越吃力，有些孩子却越学越开心。出现这些差异的原因便在于语感。当孩子具备了一定的语感后，孩子在学习英语时便能够产生一种熟悉感。比如，从小喜欢看英语动画片的孩子在上学后第一次学习英语，通常会比其他孩子更顺畅，这便是语感的作用。

对于语感的培养，父母不要一味地强迫孩子背英语单词和英语课文，在孩子完成家庭作业后，应该适当地给孩子播放一些诸如英语动画片、英语儿歌、英语小故事之类的影音资料，培养孩子的语感。

• 利用“伙伴谈话法”

美国外交专家哈伯德曾经向非英语国家的学生介绍了一种很好的学习英语的方法，这个方法叫“伙伴谈话法”。

“伙伴谈话法”是一种简单、易行、富有乐趣的学习英语的方法。与以往学习英语口语那种鹦鹉学舌的方法不同，它是通过伙伴间的反复交谈来领会和掌握英语的用法，在语言交际的实践中理解掌握单词和句式。

具体来说，“伙伴谈话法”就是父母和孩子结为交谈的伙伴，并以做游戏的方式进行英语学习。比如孩子喜欢玩“扮家家”，那么父母可以与孩子一起玩“扮家家”的游戏，父母扮演一方角色，孩子扮演一方角色，利用具体的场景进行英语对话练习。

父母在运用这一方法时，应注意以下内容：

第一，设计好话题。设计好交际情景能够让孩子更好地进行交谈。交流情景一方面要有知识应用的要求，另一方面要让孩子感兴趣，一般来说，上公园、去旅游、上门做客等都是不错的选择。讨论的话题一定要符合孩子的实际，并避免重复。以买东西这个话题为例，我们可以担任售货员，让孩子担任顾客，然后大家准备好实物，连说带演。让孩子在场景模拟中学会见面时使用招呼语：Good morning，Good afternoon，买好东西说声Thank you（Thanks），离开商店时说声Goodbye（Bye-bye）。这些有情节又实用的情景学习，孩子们通常都会非常喜欢。

第二，适时点评、交流。当“伙伴谈话”结束后，应该对孩子的表现给予适当的点评，与孩子交流在运用某个英语时出现的错误及正确的用法，与孩子相互启发、相互促进，从而进一步提高“伙伴谈话”的质量。

其实，让孩子快乐地学习英语的方法远不止以上两种，以上两种方法只是给父

母做一个指引。父母需要谨记的是，要想让孩子爱上英语并学好英语，不是靠死记硬背及枯燥的做题得来的，父母需要做的是，发现孩子的乐趣，孩子喜欢什么就从什么入手。总之，要多观察，多尝试，不要放弃。

预习是学习成功的第一步

小明是一名五年级的小学生，某天晚上回家后，他对妈妈说："今天语文老师布置给我们的家庭作业是预习明天上午要学习的课文，可是我一点也不想预习。"

妈妈问小明："为什么不想预习呢？"

小明理直气壮地回答道："预习多浪费时间啊，反正第二天老师都要讲，为什么还要花时间去预习呢？"

听完小明的话后，妈妈并没有生气，而是微笑着告诉他，预习是一个很好的学习习惯，是学习成功的第一步，做好课前预习一方面可以对第二天要学习的内容有一个大致的了解，另一方面可以带着问题去听课，并在课堂中弄懂自己的疑问，更好、更全面地掌握课堂知识。

小明又问妈妈："那应该如何去做课前预习呢？"

妈妈告诉他，所谓的课前预习就是学生在学习一门新课的时候，提前对知识进行阅读，目的是对即将学习的新知识做好准备。如果学生们在老师上课前提前做好了预习，那么在老师上课时，他们就不会对所学的内容感到陌生，就可以更好地理解和接受新知识。

通过妈妈的讲解，小明明白了什么是课前预习和课前预习的意义。

正如小明妈妈说的那样，预习是一种很好的学习方法，通过预习，孩子能提前为要上的课打好基础，并有效地提高听课效率。据调查显示：在小学生中，经常预习的学生的平均成绩要高于不做预习的学生的平均成绩，而且差异显著。

为什么同样年龄、坐在同一间教室听老师讲授同样知识的孩子们对新课程的理解程度和吸收程度会不一样呢？问题的关键便在于孩子们听课的起点和接受能力是不同的。对于那些不注重课前预习的孩子来说，当他们在上课时匆匆打开课本时，他们对新课程的内容一无所知，在老师讲课的过程中也始终处于一种盲目被动的状态。下课后，他们对于老师所讲的内容往往只听懂了一小半，剩下的要么似懂非懂，要么就是"听天书"。而那些有备而来、在课前进行了预习的同学，因为对所学的新课程已经有了一个整体的了解，很清楚老师要讲的内容和重点，在听课时，他们便能够如鱼得水，对知识的掌握也会更牢固。

预习是学习中重要的一步。父母只有让孩子多重视预习，才能为孩子的学习奠定基础。那么，孩子们应该怎样进行预习呢？

每门课程的预习方法是不同的，因为它们有各自的特点和规律。要想提高预习效率，父母在孩子预习前，要教会孩子根据每门课程的特点进行预习，具体方法如下所示：

• 预习语文的方法

语文的知识连续性通常表现在字、词、句的含义和语法上，这是因为语文一般是由一篇一篇内容上不关联的文章组成的。小学阶段语文的预习可分为三步：

第一步：让孩子阅读课文注释以及习题，对生字、生词和不好理解的句子做出标记；

第二步：让孩子运用工具书给生字注音、给生词注释，解决一些自己可以解决的问题；

第三步：让孩子尝试着归纳出课文的中心、段意、人物特征、表现手法等，并在课后与老师给出的讲解进行对照，加深理解。

• 数学的预习方法

数学具有连续性强的重要特点，对于数学来说，集中时间做阶段预习、学期预习比及时预习更重要、更能提高孩子的学习效率。小学阶段数学的预习也可以分为三步：

第一步：让孩子熟读教材，了解内容。数学知识一般包含概念、例题、练习等内容。以《三角形特性》这节课为例，首先要背诵三角形的定义、高、底等概念性的知识，并通过熟读课本和了解例题去弄清学习的重点。

第二步：让孩子弄清楚课本中知识的来龙去脉。在预习时，孩子一定要学会思考和分析，弄清楚哪些知识是难点，哪些知识自己无法理解，并把所有的疑问总结出来，在老师上课的时候针对列举的疑问认真听讲，做到有的放矢。如果有些问题在上课时依然没弄明白，在课后可以和同学进行讨论，或向老师请教。

第三步：让孩子尝试练习，自主检测。预习完成后，可以对自己的预习情况做个自我测验。一般数学课本里都会有练习题，孩子们在完成预习后，可以尝试着做一组这些练习题，并通过做练习题去发现自己预习的不足。

• 英语的预习方法

小学阶段的英语预习可分为两部分，即单词的预习和课文的预习。

具体来说，单词的预习父母可以让孩子阅读单词表，或者直接在课文中画出不懂的单词，把以前学过的没掌握的单词和即将要学习的单词都找出来，进行重点的学习。

课文的预习父母可以让孩子在课本上尝试着用铅笔画出英语习惯用语、固定搭配和句型，并通读课文，在了解课文大意的基础上尝试着翻译课文。对于自己不懂的、无法翻译的句子要重点标记下来。

• 结合孩子的实际情况进行预习

除了以上三个具体预习各个课程的方法外，父母在引导孩子预习时，还需结合孩子的实际情况。

首先，弄清楚孩子学习上的优势和劣势。如果孩子某一方面的天赋或兴趣比较

强，那么孩子学习相应的课程时就比较容易，成绩也会相对突出。孩子在预习时，一定要充分考虑自己学习上的优势和劣势。比如，如果在英语和语文中，孩子更擅长语文，那么在预习语文时，就可以少花一点时间，而将更多的时间留给英语预习。每个孩子所擅长的科目都是不一样的，因此在预习时，不能照搬别的优等生的预习习惯，而应该立足自身实际，有选择性地借鉴。

其次，让孩子重点对待较差那一科。要想让孩子发展成新时期的“十”字型人才，就要让孩子在各科全面发展的基础上，有自己的强项。如果孩子学习成绩很好，可以引导孩子将学得相对容易、轻松或成绩较好的学科发展成强项学科。在预习强项科目时，可以在粗读课本后，对难点问题进行深入理解、探索研究。

为了帮助孩子改变较差的那一科，在预习时，应该教会孩子合理地分配时间，留给较差的那一课更多时间。同时，在复习较差那门课程时，要在精读的基础上找出重点、难点内容和存在疑问的内容，在上课的时候着重注意。为了加深记忆，还应该在预习时，提前将例题和课后习题演算一遍。

在这个过程中，有两个问题需要引起父母的注意。一是孩子的情况各不相同，每个孩子的优势科目也各有不同，在预习时要立足孩子实际，有针对性地有的放矢；第二，预习应该放在孩子完成作业后进行，并根据孩子完成作业后所剩时间的多少合理安排预习时间，预习时间绝不能占用了作业时间和复习时间。如果孩子在完成作业后，时间还很充裕，预习时间就可以安排得多些。如果孩子完成作业后时间很少，预习时间就可短些。此外，孩子在预习时顺便把第二天上课要用的书本、学习用具等准备齐全，也能提高学习效率。

学习也有“不同”，不同的学科要采用不同的方法

轩轩是一名四年级的学生，他不仅学习态度非常端正，还特别懂事，一直以来，无论是上课还是作业他都完成得很好。轩轩的父母对此很开心，庆幸自己的孩子在学习上不用他们操心。

但四年级的期中考试过后，轩轩的成绩却大大出乎父母的意料：语文75，数学63，英语65，这个成绩在班内排名倒数第四，父母一时感觉有点蒙。父母对轩轩的情况进行了总结和思考，仍然不能找出原因，接着父母又找出他的试卷仔细翻看，看着看着，父母找出了问题的一些症结。

就说语文吧，凡是那种只有唯一答案的题他都答对了，但灵活一点的题目他不是空着，就是答非所问；再说数学，在试卷后面几个大题丢分很多，父母发现他对基本的数学公式及定理掌握得不够扎实，所以在解题的时候就会频频出错；而英语，他更是对很多单词的多种用法、各种时态、句型结构模棱两可，在选择题上丢分很多。

父母找到轩轩，了解他平时学习成绩领先，但考试起来一落千丈的原因。

轩轩沮丧地低着头，坦诚地告诉爸爸妈妈，这种情况在他身上已有很长时间了。他说现在每到考试时间，他就特别焦虑，感觉无从下手。

平时上课，自己可以跟着老师的节奏，作业也是指定的，不用自己发挥什么。但是考试就不一样了，老师没做具体的要求，只告诉他复习的要点，他每次对要点也很重视，背得滚瓜烂熟，但是真正考试起来，很多题就不会了。

妈妈问轩轩，作为一名小学四年级的学生，你怎么看待语文、数学、英语这三门学科的学习？

轩轩看着妈妈，说道："学习嘛，都是一样的，就是要认真听讲，认真完成作业，要勤奋。"

妈妈摇摇头，对轩轩说："不对，这三门学科看似一样，但学习方法不一样。"

轩轩妈妈说得非常好。孩子的学科之所以分为语文、数学、英语等，是为了提高孩子各方面的发展。就拿数学来说吧，这是一门动脑筋、思考性比较强的学科，学习时除了要记住公式、定理，还要了解例题的解法和答案，会做一定的习题。数学里的公式、定理不仅仅是机械地把它背下来就可以了，而是要活学活用，能够熟练运用这些公式、定理来解答各种各样的问题。

但是语文的学习方法与数学截然不同。因为对于语文这门学科来说，记忆的分量要比理解的分量大许多。所以，孩子在学习语文的时候既要注重理解，也要加强记忆。

每学科都各有其特点，有的以记忆为主，有的以思考为主，有的介于两者之间。所以在学习的时候，孩子应该针对不同的学科采用不同的学习方法。

具体怎么做呢？父母可以参考以下的技巧：

• 数学学习：抓住概念、意义、公式

小学阶段的数学知识一般都有非常清楚的知识点，接触一个新知识，就要学习新知识的概念、意义和现实生活中的应用。数学知识的应用主要以计算为主，计算问题必须明白算理和算法。所以小学阶段的数学知识的学习必须抓住概念、意义、公式等，掌握算理，学会算法。

这就要求父母在孩子学习的时候，多让孩子运用记忆学习法、提纲学习法、口诀学习法、试卷学习法、专题学习法、错题本学习法等，这些都是数学学习比较实

用的方法。当然，数学知识学习，一定要把握知识结构，强化知识点之间的联系，做到全面系统学习。下面是总结出来的一些数学学习的小技巧，父母可以让孩子借鉴使用：

（1）基础知识熟练记忆。如果每一次学习，都能第一时间把基础知识掌握牢固，就能养成一种重视基础知识的习惯。千万不要有一看就会、早就掌握了的想法。概念这种知识点，具有容易掌握、遗忘快、详细表述较难的特点。

父母需让孩子记住，基础知识要在理解、会运用的基础上熟记，要和其他知识发生联系，才会变成你自己的。

（2）知识体系进入脑海。父母可以让孩子经常问问自己，数学都学了什么呢？闭上眼睛，能够回忆出来，每一个单元的重点是什么？随着孩子学习能力不断增强，到了小学高年级，他们便能够分析每次单元考试的题型。

• 英语学习：注重语音、拼写、运用

英语是一门语言，语言的作用就是为了交流，所以，英语学习应该注重语音、拼写、运用。小学生在复习英语的时候，把单词读准，才能做到把句子读流畅准确。

语言都有语法，英语也不例外，语言必须符合语法规范。孩子在学习英语的时候，父母要提醒孩子注意课本中的句子结构，熟记能诵，才可以做好英语试题。

具体到英语的学习方法，父母可以让孩子采取读背结合学习法、语法知识列表学习法、综合性习题学习法、同学互听学习法等，都是可以让学习英语有趣、高效的方法。

• 语文学习：围绕听、说、读、写

小学阶段语文的学习也有一些小技巧：

（1）故事引导。一篇课文所讲内容，都能找到相关的或者包容度更高的引导材料，视频、故事、古代典故都可以，父母可以和孩子一起找出来，引导孩子读一读，看一看，然后再开启学习之旅，能够提升自己的学习兴趣。

（2）实现系统化的目标。语文的知识点多，知识点小，系统化有利于掌握。

父母要让孩子养成当天复习、季度复习、期末总复习的习惯，达到一个系统化的结果。全部内容，能够以一篇文档或者几张纸概括成字词句篇的形式，烂熟于心。这样，不管是阅读理解还是写作，都能应答自如。

学习最大的失败，是死盯着课本学

一个周末，然然去姥姥家做客。在姥姥家，然然看见姥爷正和一位爷爷在聊天。出于好奇，然然也坐在一旁，专心致志地听俩人谈天说地。因为姥爷喜欢历史，所以他们聊天也就自然而然地聊起了历史。

当听到两位老人聊起孔子思想的时候，然然顿时被吸引住了。因为语文课本上恰好就有一篇关于讲述《孔子拜师》的文章。从他们的对话中，然然了解到孔子不仅是儒家学派的创始人，更是中国古代著名思想家、教育家。而孔子门下弟子多达三千人，包括著名的七十二贤士，这些贤士中很多人都成为当时各国的栋梁之材，并为儒家学派延续了辉煌。

两位老人讲了很多关于孔子的逸事，有一件最让然然记忆深刻。有一次，孔子经人举荐到鲁国大夫季斯家去应聘，面试时屋外有人来报于季斯："挖井时挖出一个土罐，土罐中有一形状似狗之物，不知究竟是何物？"

季斯听完来人的描述，转而进屋询问孔子。孔子听完说："我认为挖出来的不是狗，而是羊。"季斯听完大吃一惊，连忙询问缘由。

孔子说："山中之怪叫'夔魍魉'，水中之怪叫'龙罔象'，土中之怪叫'羵羊'，你所说的此等怪物是属于土中而来，那我肯定是羊。"季斯问："为什么土中之怪就要叫‘羵羊’呢？”孔子说：“非雌非雄，徒有其形，所以叫‘羵羊’。”季斯叫来当地人一问，果然分不出雌雄，于是惊叹孔子的知识渊博无人能及，遂聘用孔子为鲁国“中都宰”。

后来，没过多久，语文老师讲起了《孔子拜师》这节课，当老师询问有谁知道孔子是何许人也？有谁知道孔子的生平小故事？然然便踊跃地举起了小手，大大方方把自己上次在姥爷家听到的关于孔子的知识在课堂上讲了出来，同学们听得津津有味，老师也表扬了然然知识渊博。

受此启发，原本不喜欢语文的然然慢慢地喜欢上了语文，节假日他经常去姥爷那里听故事、阅读名著。到了五年级的时候，他的知识面已经明显高于其他同学，作文水平也异于平常，经常被老师当作范文在班级诵读。

看到儿子取得的成绩，妈妈由衷地感叹：“是姥爷家的知识氛围深深地感染了孩子，使得孩子喜欢上了读书，明白学习不是死啃课本。”

各位父母，看完这个故事，你是否受到启发？

生活中，大部分父母都认为，孩子获得知识的途径是在课堂上，于是父母通常会让孩子多读课本，认真听讲，以为孩子去学校里学习文化知识了，就能够实现成长的需要了。真的是这样吗？

当然不是！

孩子的成长是全面综合的发展，如果光靠课本知识这一种方式是不能够满足孩子的成长需要的。课本上的知识，仅限于把一些基础知识系统、全面地传授给孩子。而这些知识大多来自前人的经验和实验，是与现实密切相连的。

所以，学习最大的失败，就是死盯着课本学。孩子获得知识的途径不仅仅是课堂上，还有日常生活中、所阅读的书籍中，等等。一个孩子只有多打开几条学习知识的通道，才能全方位地学习知识。

叔本华曾说：“不加思考地滥读或无休止地读书，所读过的东西无法刻骨铭心，其大部分终将消失殆尽。”因此，父母若想扩宽孩子的知识面，不妨带孩子参加一些社会实践活动，平时也要鼓励孩子多阅读名著佳作，这样不但有助于孩子对

课本知识更好的理解，也能促进对知识的合理运用，锻炼他们的思维能力。

具体怎样做？父母可能借鉴下面的做法：

• 在实践中学

鼓励孩子从日常生活中通过实践来积累经验，这是一种最基础、最有效的学习方式。孩子对这个世界的认知，除了父母与老师的教导外，也来自自身不断的实践。比如，孩子帮妈妈拖地时，拖把太湿导致地板水渍久久不干，需要重新用干拖把再拖一次才可以把水分吸干。经历了这样的经验后，孩子下次拖地时就不会再用滴水的拖把了，而会选择半干半湿的拖把或者沥干水分后再使用。

同样的道理，在学习中亦如是。孩子只有在不断的学习过程中积累经验，才能逐渐提升自己的能力与知识。

• 在观察中学

正所谓生活处处皆学问，只要你用心观察总能从中学到很多知识。相比于东施效颦惟妙惟肖的模仿来说，观察不仅能加深孩子学习的印象，还能提升他们的学习兴趣。

因此，父母可以在闲暇时多带孩子去动植物园、郊外领略大自然的风光，也可以与孩子一起动手制作简单的小创意，完成某一项玩具的拼装等，引导孩子在认识美好事物的同时，通过观察发现更多的不同。孩子与自然界接触的过程中，也可以有效刺激孩子的感官和视觉体验，激发他们的好奇心，从而帮助孩子全面清晰地掌握到不同层面的知识。

• 带孩子“行万里路”有助于掌握知识

俗话说，“读万卷书，不如行万里路”。意思是说，读万卷书与行万里路是互补关系，书中知识有限，只有通过行万里路，眼观六路，耳听八方才能弥补其课本知识的缺乏。

所以，父母不妨利用假期带孩子外出游玩，增长见识。除了有名的风景名胜外，父母也可以考虑带孩子去农村或城市体验不一样的风土人情和生活习惯，让孩子从中了解这些不同习性背后所存在的特殊意义。

• **支持孩子“读万卷书”**

古人云：“读书破万卷，下笔如有神。”这话说得一点不假，通过读书，不仅可以帮助孩子增长见识，提高阅读能力和写作水平，还可以修身养性。父母可以让孩子阅读一些中外名著，比如《三国演义》《红楼梦》《水浒传》《西游记》四大名著，或《十万个为什么》《安徒生童话》《伊索寓言》《鲁滨孙漂流记》等，来提高孩子的阅读积极性，鼓励孩子从书本中学习到更多的知识。

总之，知识的获取并不是单一的来自课本，而是来自生活的方方面面。父母在平时要多给孩子创造合适的机会与多样化的学习环境，让孩子在一种宽松愉悦的氛围中开心学习，这样才有助于孩子吸取到全面、多样化的知识，帮助其更好地成长。

Chapter 7
越难的事情越有冒险的价值

三四年级是孩子由依赖父母到自立能力增强的转型时期，是创新思维、想象思维与联想思维等思维发展的关键期。如果父母能够把握好这一时段，采取多种形式进行引导，“激发”孩子的无限潜能，孩子将快速提高，变得更出色。

不管孩子的想法多离谱，都不是“白日梦”

阿姆斯特朗是世界上第一位太空人。他从小就喜欢胡思乱想，以至于他的小伙伴们给他起了一个“小疯子”的外号。就连一些大人在听到他离谱到不可思议的想法时，都忍不住劝解他的母亲管一管他。

但是，阿姆斯特朗的妈妈不以为然，她反而会自豪地说：“他是一个想象力丰富的孩子，我为什么要阻止他释放天赋呢？”不仅如此，她还开始记录阿姆斯特朗一些疯狂、离谱的想法。

有一次，妈妈在打扫家务，她突然听到阿姆斯特朗大叫一声，随后又听到一声巨响。妈妈非常担心，就大声问：“孩子，发生什么事了吗？”

阿姆斯特朗没有回应。

妈妈放下手中的家务，三步并作两步地迈入阿姆斯特朗的房间，只见孩子穿着鞋子、戴着头盔在床上来回慢走。妈妈不禁好奇地问：“你在干什么？”

阿姆斯特朗没有看妈妈，而是自顾自地说：“我刚刚乘坐一架宇宙飞船前往月球，飞船降落月球后，我登陆了月球，现在正在月球上行走。”

妈妈听后，不由得笑着说：“那好，你在月球上好好探索，不过探索完了记得开宇宙飞船回地球吃饭。”

阿姆斯特朗一脸苦恼地说：“妈妈，我现在在月球上，我听不见在地球上的你说什么。”

妈妈“扑哧”地笑出声来，然后做出一系列驾驶“宇宙飞船”登陆“月球”的动作。她跳到床上后，将刚刚叮嘱阿姆斯特朗的话又说了一遍，得到阿姆斯特朗的回应后，才驾驶“宇宙飞船”飞回“地球”继续干家务去了。

正是因为妈妈的宽容与理解，让阿姆斯特朗在幼年时可以自由自在地去幻想。渐渐地，阿姆斯特朗长大了，他将登月定为了自己的梦想，在妈妈的鼓励与支持下，他努力学习，成为被国家招收的第一批太空人。

后来，阿姆斯特朗成为一名真正的宇航员，他实现了自己登月的理想，成为全地球人的英雄。

阿姆斯特朗为什么能实现自己的梦想?

那是因为他的妈妈以他离谱的想法为豪，陪着他去实践那些疯狂的想法。在妈妈真诚的鼓励与支持下，阿姆斯特朗才能成为一名太空英雄。

在这个世界上，相信与阿姆斯特朗有相同想法的孩子不在少数，他们或许也会戴着头盔，脚上穿着厚重的靴子在床上太空漫步。当看到床上肮脏的鞋印时，大多数父母会立即让孩子下床，不是指责孩子将床单弄脏，就是告诫孩子不要穿着鞋子在床上玩耍。可是，在孩子们眼中，没有太空装备还怎么在太空中漫步呢? 这也就意味着，父母的一个阻止，扼杀的可能是孩子的一个梦想。

孩子的想法从来都是异想天开、天马行空的，以成年人的眼光去理解他们的想法，无疑会觉得荒唐而离谱，但站在孩子的角度去理解，会发现这些想法不仅不可笑，反而值得人喝彩。因为在人类历史上，许多伟大的科学发现或发明都是来自孩子们离谱的想法，如莱特兄弟，正是因为他们有“如果人类也有翅膀也能像鸟儿一样在天空中翱翔”的想法，才令他们发明了飞机，实现了人类遨游天空的梦想。

相对而言，一二年级孩子的想象力处在萌芽期，而三四年级孩子的想象力处于爆发期，也就是说，三四年级的孩子其发散性思维异常活跃，他们说出的观点虽然天真单纯，但却富于幻想、超乎逻辑。这些思维上的离谱与异想天开，不仅是孩子高智商的体现，也是孩子创造力的源泉。父母如果能对孩子的想象加以引导，就会激发出孩子无限的潜能。

• 不限制孩子的想象

三四年级的孩子不仅具备独立思考的能力，而且还拥有无穷的想象力，当思考能力与想象能力相遇，注定会碰撞出不一样的火花。

不管孩子的想法和创意有多么不可思议，父母都不要随意去限制或束缚他们。此外，父母要多多鼓励孩子去想象，拓展孩子的思维。只有这样，孩子才会率先找到人生的理想，并为理想而有目标地去奋斗。

• 丰富孩子的生活经验，开拓孩子的眼界

任何想象都不是凭空而来，它是由大量的生活经验积累出来的。比如地球引力的发现源于牛顿对从树上坠落的苹果的想象；雷达的诞生源于人们对蝙蝠的超声波的想象；潜水艇的发明源于人们对海豚外形的想象；蓄电池的发明源于人们对电鱼的想象。可见，每一个想象都源于一个具体的物体或事件，而这些其实就是生活经验与眼界。只有丰富孩子的生活经验，开拓孩子的眼界，孩子才能拥有丰富的想象力来源。

对三四年级的孩子而言，他们具备了相对成熟的动手能力，所以生活中的一些事，可以让孩子独自去完成。因为孩子在完成的过程中，会发现许多有趣的事物与现象，这些都是孩子想象力的源泉。父母也可以带领孩子走进大自然，走入社会，与形形色色的事物多多接触，这同样也能激发孩子的想象力。此外，还可以带领孩子遨游在书本的海洋中，与孩子一起探索书本中的谜团，促进孩子思维的发展。

• 帮助孩子分析想象，树立合理的想象

三四年级的孩子欠缺对想象的辨别能力，还无法仔细辨别出想象是真实的和虚幻的。例如孩子想象有一天能乘飞机去国外旅行。这是对未来的想象，这个想象是真实存在，可以随时实现的。所以，父母在听到孩子的奇思妙想时，先问问他们的想象是否能实现，是真实存在的，还是自己想象出来的，帮助孩子分析想象的真实与虚幻。

此外，这个阶段的孩子，其想象都是从远离现实的想象到渐渐接近现实的想象。例如孩子想象某一天与人类幻想出来的动画人物小猪佩奇来一次真实见面。这个想象的过程是合理的，但想象的结局却很不合理，因为动画人物小猪佩奇本就是人类构想出的虚拟的存在，它不可能真实地生存在世界上，也无法与人们相见。所以，父母要帮助孩子分析想象的合理性，树立正确合理的想象。

爱因斯坦曾经说过："想象力比知识更重要。"因为想象力是开启孩子智慧的钥匙，是孩子通往成功道路的明灯，有想象力的孩子才会有梦想。

实践是开发智力的钥匙

秦欣是一名三年级的学生，她性格开朗，乐于助人，人缘极好。同学们给秦欣起了一个外号，叫“魔法小欣”，因为她的手仿佛有魔法一般，凡是弄坏的小文具一经她的手，立马能修理好。以至于同学们的文具一出现问题，都会找她解决。秦欣也是来者不拒，总会尽自己最大的努力去帮忙。

所以，每天在学校，秦欣的班级都会上演这样的一幕：

同学A：“魔法小欣，我的笔套不见了。你看，文具盒被笔画得到处都是，怎么办？”

秦欣：“简单。”

秦欣用小刀从自己的橡皮上切下一小块正正方方的橡皮，又用小刀在小块橡皮的中央割出一个很深的“十”字。她将同学的笔尖插进橡皮的十字中央，让笔有了一个临时笔套，解决了同学的燃眉之急。

同学B：“魔法小欣，我的书包背带突然断掉了，你能帮我修好吗？”

秦欣：“可以。”

秦欣用小刀在书包背带的断口处钻出一排小孔，又将透明胶带拧成一股坚韧的绳子，用穿鞋带的方式将绳子穿过背带上的小孔，将背带连接在一起。

……

秦欣的事迹渐渐传入老师耳中，老师便推荐她参加了全国小学生“变废为宝”大赛。秦欣从初赛到决赛，一路过关斩将，最终获得了冠军。

当记者采访秦欣为什么会有这么强的实践能力时，秦欣腼腆地笑着说：“我的实践能力是在破坏中锻炼出来的。”

原来，秦欣只要对一种东西好奇，她的爸爸妈妈都会鼓励她自己动手去研究。在实践过程中，秦欣可以学习到许多知识，这些知识可以开拓她的思维，帮助她解决许多问题。久而久之，她的思维能力与实践能力逐渐提升。

什么是实践能力？其实就是运用知识解决问题的能力或做事的能力。

实践是人类文明进步的驱动力，它能促进社会发展。一切创新，一切科学技术，一切文化知识，都是通过实践获取的。可见，实践对人们而言十分重要。毛泽东同志提倡“实践出真知”。著名的教育学家陶行知先生也倡导培养学生的实践能力。孩子是祖国的未来，培养他们的实践能力是重中之重。

相对于一二年级的孩子来说，三四年级孩子的思维能力与动手能力相对成熟，只要给他们创造一个实践的环境，就能很好地培养他们的实践能力。那么作为家长，该如何培养他们的实践能力呢？

• 激发孩子对实践的兴趣

兴趣是最好的老师，是实践的动力。而兴趣又直接影响着孩子们的智慧和灵感，决定着实践的成功与否。该怎么激发孩子对实践的兴趣呢？关键是让孩子体验实践成功后的喜悦，然后喜欢上实践。

针对孩子的喜好，父母可以给孩子制定一些通过实践才能获得答案的难题。如果孩子喜欢数学，可以制定与数学相关的难题。例如：让孩子用实践来探索三角形、四边形、五边形哪种图形最具有稳定性。父母可以事先为孩子准备好制作图形的小木条，让孩子自己动手裁量，制作出每一个图形，然后让孩子独自观察，最终得出结论。

当孩子获得实践带来的成功喜悦后，会不知不觉地对实践感兴趣。此外，父母可以将实践融入游戏中，这样可以一边与孩子做游戏，一边激发孩子对实践的兴趣。久而久之，孩子的实践能力也能逐渐提高。

• 父母起带头作用，与孩子一同实践

不论孩子有多大，父母在他们心中都是一个不可忽视的存在。尤其对三四年级的孩子来说，一言一行都会受到他们的观察与模仿。因此，父母要起一个示范作用，激发孩子对实践的欲望，调动孩子的积极性。

当孩子对一个新事物表现得十分感兴趣，父母可以鼓励孩子去大胆地探索和实践，如果孩子对新事物表现的兴致缺缺，父母可以当着孩子的面率先实践，让孩子在观看的过程中感受实践的乐趣，最后参与其中，与父母共同实践。

• 实践源于生活，培养孩子动手能力

书本不是孩子获得知识的唯一渠道，生活里也处处充满知识，例如生活经验会让孩子知道将洗过茶叶的水浇灌在植物根部，可以促进植物的生长；用吹风机对着商标吹，等商标上的胶热了，可以很容易地将标签撕下来……这些生活中的知识都是通过实践获得的，因此让孩子融入生活十分重要。

在生活中去实践的重点在于培养孩子的动手能力。只不过，许多父母担心浪费所谓的孩子的宝贵学习时间，便不让孩子参与做家务，殊不知这样做会弱化孩子的动手能力。所以，父母要多让孩子做家务，做一些力所能及的事，养成自己的事情自己做的好习惯。将生活与实践相结合，提升孩子实践能力的同时还能让孩子体验生活。

• 给孩子多找几个实践阵地

三四年级的孩子已经有了自己的主见，他们对外面的世界充满了好奇，这时候，父母可以给孩子多找几个实践阵地，这既能培养孩子的实践能力，也能增长孩子的见识。

父母可以带孩子去乡间参与劳作，亲自参与蔬菜种植、观察鸡鸭孵化，等等，让孩子在实践中获取知识，开阔眼界；可以帮孩子报一个科技夏令营，这类夏令营可以培养孩子的实践能力、创新思维、想象力与创造力，同时也能培养孩子团结合作的意识。在学习一定的知识后，用自己的双手创造出科技产物，体验实践的魅力。

创造力是孩子一生的财富

瓦特是著名的发明家，他出生于英国一个落后的小镇。那时候，家家户户都是用火烧水做饭。

有一天，瓦特去厨房看祖母做饭。祖母将水壶灌满水，然后放在灶上用火烧。水烧开时，水壶盖不停地跳动，发出“啪嗒啪嗒”的响声。瓦特非常好奇，他观察了半天，也没有弄明白水壶盖跳动的原因。

于是，瓦特问祖母：“为什么水壶盖会跳动呢？”

祖母随口说：“因为水开了，水壶盖就跳动了。”

瓦特对祖母的回答并不满意，他继续问：“可是为什么水开了水壶盖就跳动了呢？是因为有什么东西在茶壶里推动水壶盖吗？”

祖母忙着做饭，根本没有闲暇的工夫去回答瓦特的问题，她敷衍说：“我怎么知道呢？小孩子不要刨根问底问这些没有意思的东西。”

瓦特不仅没从祖母那儿得到答案，而且还被祖母批评了一顿，这让他委屈极了。可是，他并没有因为祖母的话而放弃对问题的思考。接连几天，每当祖母做饭时，他都蹲在灶边认真地观察。

瓦特发现，刚刚烧水壶时，水壶很安静，等水快烧开时，水壶会发出“哗哗”

的声响，等水壶里的水蒸气冒出来时，水壶就跳动了，就好像水壶里藏着一个魔法师。当他灭掉灶火时，水壶盖又恢复了安静，继续点燃灶火时，水壶盖又跳动起来。来回反反复复验证好几次，瓦特终于弄明白了，是因为水蒸气推动了水壶盖的跳动。之后，他取走茶壶盖，将杯子、调羹放在水壶口，跳动的杯子与调羹更验证了他的想法。

后来，瓦特根据蒸汽推动的原理发明了蒸汽机，将蒸汽机运用于货车、航海、工厂等方面，令世界进入了蒸汽时代。

创造力其实就是发明创造的能力，是创造性思维与创造性活动的总称。创造力是一个富有诱惑力的词，有创造力的孩子最独特，他们在人群中总是最吸引人的，发表的见解也总是与众不同。他们能够把奇思妙想付诸实践，创造出令人惊喜的东西，还可能发现一些人们根本没注意过的事。就像瓦特，他为什么能发明蒸汽机？那是源于他对生活的观察，然后他把想法付诸实践，发挥创造力发明出蒸汽机。

然而，许多家长并不明白创造力的真实含义，他们总是把创造想得太复杂，认为自己的孩子很普通，跟创造没有什么关系。其实，只要用心培养，每个孩子都能成为杰出的创造天才。

每一个孩子都拥有创造力，只不过有的孩子创造力强，有的孩子创造力弱。而创造力的强弱并不是与生俱来的，经过后天的培养也能激发出无穷的创造力。父母在培养孩子创造力的时候，可以从以下几个方面入手。

• 培养孩子的好奇心，支持孩子去探索

好奇心是孩子探索外界事物的动力，好奇心越强的孩子，其创造力就越强。纵观历史上成就非凡的科学家、发明家、艺术家们，他们往往在孩提时期就有一颗极强的好奇心。因为只有对事物产生了好奇感，才有可能进一步去探索和研究，继而去创造。

通常来说，三四年级孩子的好奇心一般表现在提问和破坏性的探索行为上。如果父母对孩子的提问表现得不耐烦，或是对孩子含有破坏性的探索行为加以指责或制止，那么就会扼杀孩子的好奇心，同时也会扼杀孩子的创造力。

不论父母是否知道孩子提出的问题的答案，都要和孩子一起去寻找答案，让孩子体验找寻答案的乐趣，享受找寻答案的过程。对于孩子在探索中的破坏性行为，父母要理性对待。如果担心孩子的破坏性太大，可以与孩子一起探索，等孩子探索出答案后，父母再还原孩子破坏的东西，或将破坏的影响降到最低。只有这样，孩子的好奇心、探索能力才会越来越强，创造力才会越来越强。

• 善于观察，帮助孩子独立思考

创造源于生活中的点点滴滴，创造的灵感源于观察。对三四年级的孩子来说，他们已经具备了独立观察的能力。因此，父母可以引导或提醒孩子注意观察身边的现象与事物，给予他们观察的机会，从而开拓创新思维，提高创造力。

例如，当孩子观察“含羞草”时，会提问为什么含羞草会“害羞”？这时，父母要陪伴孩子翻阅资料，寻找答案。当了解原理后，可以鼓励孩子以含羞草为创造灵感，进行一些联想创造。需要注意的是，父母要给孩子一个独立思考的环境，不能处处帮孩子解决问题。否则，长久下去会令孩子丧失独立思考的能力，继而丧失创造力。可见，养成独立思考的好习惯对培养孩子的创造力非常重要。

• 帮助孩子进行右脑训练

人的大脑有左脑和右脑之分。左脑善于把复杂的事情条理化，有处理语言、逻辑、顺序、分析等作用，所以有“思维脑”“学术脑”之称；右脑善于创造与想象，有处理节奏、图画、感情、创造等作用，故有“艺术脑”“创造脑”之称。

对三四年级的孩子来说，他们的左脑往往会比右脑得到更多的锻炼和开发，这也就意味着孩子们创造力的欠缺，因此训练右脑十分重要。那么，如何训练右脑呢?

右脑能直接控制手指，因此父母可以让孩子多做一些指尖活动，例如弹钢琴、敲击电脑、下棋，等等；益智玩具也是开发右脑的最佳工具，父母可以让孩子多玩一些组装、拼图类的玩具，孩子可以按照图示来组装，也可以自我创造；运动也能促进右脑的发育，父母可以让孩子每天坚持训练半个小时，运动项目可以是爬山、健身操、打球，等等。此外，多听音乐、观赏自然风景也能开发右脑。所以在周末时，父母可以带孩子去露营，闲暇时听一听各类音乐，让右脑在不知不觉中得到锻炼。

• 为孩子塑造具有创造力的氛围

孩子的创造力极容易受创造氛围的影响，创造氛围越浓烈，孩子们的创造力就越强，创造氛围越薄弱，孩子们的创造力就越弱。因此，父母可以当着孩子的面进行一些创造性的探索，让孩子在观看中激发创造力，这样也可以为孩子提供一个创造性极强的氛围。例如：当遇到交通拥堵的路段时，父母可以提问孩子解决交通拥堵的方法。当孩子用自己的思维想象出一种可以在天空行驶的交通工具时，父母可以具体问一问孩子这辆交通工具的模样，它的性能如何，行驶速度有多快，等等，让孩子沉浸在思维创造的乐趣中。

此外，在家中摆放一些有关于发明创造的故事书，让孩子能随时翻阅，也可以说说一些科学家或发明家发现一个定理或发明一个新事物的过程，激发孩子对创造的好奇与喜爱。

发散思维，让孩子效率倍增

你一定听过数学家高斯的故事。

老师在黑板上写下这样的题目：“1+2+3+……+100=？”当同学们还在埋头演算时，高斯说出了答案“5050”。这个故事流传太广了，后面的情节和高斯的算法你一定知道。那么，你知道为什么高斯可以想到别人想不到的解题办法吗？这是因为高斯拥有很多人所不具备的发散性思维能力。

发散思维是一种从问题的要求出发，沿不同的方向去探求多种答案的思维形式。有一道关于发散思维的测试题是这样说的：

0是8的一半。对不对？

“0”怎么可能是“8”的一半呢！很多人百思不得其解。如果您也是第一次被问到这个问题，一定会想很长时间，最终的结果是“哦！0是一个圈，8是两个圈，所以0是8的一半”。您现在有了这个答案，这时，再问您一个问题：

3是8的一半。对吗？

您一定很快就想到“3是两个半圈，8是两个整圈，所以3是8的一半”。

很多时候，找到答案是我们的目的。可是答案一定是唯一的吗？也许，换一个角度，你会发现另外的答案。这种“换个角度”的想法在很多时候表现为一种不循常理的发散性思维方式。如果你也想让自己的孩子拥有高斯一样发散性的思考能力和学习方法，那么你不妨把上面的问题问问你的孩子。如果他也想不出为什么“0是8的一半”的话，那么我们就需要培养孩子的发散思维能力了，因为有了这种能力，学习起来真的可以事半功倍、效率倍增。

• 试试用不同的方法解题

不求唯一答案是发散思维的重要特征，所以作为家长，我们要有意识地去培养孩子用不同方法解题的习惯，以此来锻炼孩子的发散思维能力。

小玉是一个聪明的小姑娘，她在班里的学习成绩非常好，尤其擅长数学，遇见一道题，小玉常常可以用好几种不同的方法算出最后的答案，有的办法甚至连教她们数学的李老师也是第一次听说，班上的小伙伴们可崇拜她了。按说一个小学生要把数学学到这个地步可不容易，那么小玉是怎么做到的呢？原来小玉妈本身就是个数学老师，小玉每次在家做数学作业的时候，小玉妈总是不肯放过她，让她把同一道题用不同的方法解上好几遍。最开始，小玉对于妈妈的做法有些抵触情绪，但是久而久之，小玉发现自己每次看到数学题，一眼就可以看出好几种解法了，自己也开始对数学越来越感兴趣了。

小玉妈不愧是当老师的，她很明白发散思维对于孩子学习具有多么重大的意义。因此，当我们的孩子用一种方法解出了一道题时，我们不妨也学学小玉妈，鼓励孩子多多尝试别的方法。孩子在尝试另外的解题方法时，也正是走出既有思维习惯，挖掘别样思维的过程，这个挖掘的过程也正是思维“发散”的过程。孩子如果经常尝试一题多解的方法，他的思维一定会更加活跃，思路也更加开阔，学习也就变得更轻松，效率更高了。

• 鼓励孩子和别人讨论解法

为了培养孩子的发散思维能力，我们还可以在孩子做作业时多和孩子讨论一些关于习题的其他解法的问题。这是因为和别人讨论的过程，一方面是把自己的思维传达给别人的过程，另一方面是接收别人思维的过程。面对题目，一个人的想法总有他的局限性，在互相讨论时，大家的方法可以互补，从而找出最方便、最合理的解法。

在与我们讨论的过程中，孩子可以进一步整理完善自己的思路。一种解题的思路在自己的脑子里可能是不系统的，也可能是偶然想到的。但当孩子在向我们描述解法时，他就必须完善这种想法，在这个完善的过程中，他的解法更加系统，所掌握到的知识也将更加牢固。

无论对于大人还是孩子来说，一个人的思维“发散”程度是有限的，当大家在一起讨论时，所有人的想法汇在一起。让我们的想法和孩子的想法互相碰撞，就可以让孩子的思维得到拓展和延伸。

• 寻找不同的答案

一个题目的答案是唯一的吗？在很多情况下是肯定的。但也正因为这种大多数的肯定，导致当我们的孩子在找到一道题的答案后，就几乎没有想过会有第二种答案的存在。

因此，身为家长，我们可以用鼓励孩子寻找不同答案的方式来锻炼孩子的发散思维能力。当孩子在寻找“不同答案”的时候，也正是他们改变思维方式的时候，这个过程也就是“思维发散”的过程。而且孩子在寻找不同答案时会从另外的角度看现有的解题方法和答案，这样会对解题思路和知识点有更完整更清楚的认识。

• 鼓励孩子的“为什么”

“为什么下水道口的井盖是圆的？”

这种“为什么”几乎没有人问起，因为人们很少留意这种司空见惯的事情，在潜意识中把这些现象变成一种理所当然的事情，所以从来不会去想“为什么”的问题。可正是这样的“为什么”最能激发人发散思维的潜力。有人会想到几何里的圆形，有人会想到工厂里的模具，或者有人会想到家里的洗手池也不一定。

让我们鼓励孩子的“为什么”吧！孩子每问一个为什么，就会多打开一道通向未知的大门。每一个为什么后面总会跟着一种思考方式，让孩子多问几个为什么，正是让孩子的思维向更多更广的方面“发散”的过程。

答案是什么不重要，关键是这样的问题，可以激发孩子的发散思维能力。所以家长不妨鼓励孩子多问几个为什么，和孩子一起讨论这些“为什么”。

逆向思维锻炼孩子的兰心蕙质

王毅是一个与众不同的孩子，他的创造力总是让人感到惊叹。不说别的，他的一条牛仔短裤就成了同学当中的时尚。

要说他的牛仔短裤还有一个故事。有一次，他的运动衫没有晾干，但是他又急于和朋友去踢足球，于是不假思索地找到了一条牛仔裤。他穿着牛仔裤和同学玩得不亦乐乎，但是牛仔裤行动不便，他一个不小心就摔倒了，挺好的一条牛仔裤破了一个洞。

回到家，王毅跟父母承认了错误，王毅的妈妈看着牛仔裤摇摇头，好好的一条裤子只能扔掉了。但是王毅觉得很可惜。裤子只有膝盖以下破了，如果能够“改造”一下就好了。有了这个想法，王毅开始想办法了。怎样才能让这条裤子继续穿呢？他想起妈妈把自己的旧毛衣拆掉，用毛线织了一条毛裤，他突然有主意了。

第二天，王毅的妈妈就看到了儿子的作品。原来，王毅将裤子膝盖以下的部分剪掉了，做成了一条牛仔短裤，毛毛糙糙的边看起来就像是故意设计成那个样子似的。得到了妈妈的鼓励后，王毅爱上了动脑筋，时常进行一些废物利用，给家里做了很多手工。后来学校搞小设计、小发明，王毅还获得了奖项，同学都非常佩服他。

很显然，王毅是用了逆向思维，不顺应定论来思考，而是反方向进行思考，这样问题的解决方法就多了一个角度。做过证明题的人都知道，证明实际上就是一种逆向思维，通过结论推算出过程和问题。从小培养孩子的逆向思维，除了对孩子的学习有帮助外，也能让孩子的脑筋更加灵活。

在生活当中，有时孩子会无意识地表现出一些逆向思维来，比如王毅的牛仔短裤。这个时候家长应该怎样对待呢？批评孩子？还是更深层次地了解孩子？显然，王毅的父母发现了自己的孩子具备逆向思维，于是对孩子进行了鼓励，让孩子的发散性思维得到了发展。

孩子在成长的过程当中思维也在发展，实际上，孩子的思维没有形成一种定式是好事，家长可以利用这个机会让孩子多角度考虑问题，学会逆向思考。当时间久了，孩子会形成一种思维定式，如果孩子习惯于多方面考虑问题，那么孩子就具备了兰心蕙质。

• 进行一些发散性思维的训练

在生活中，父母们可以通过孩子所接触的具体事物来对他们进行逆向思维的训练，如果只是对孩子进行单向思维训练的话，那必然会使孩子形成一定的思维定式，对他们思维的广阔性和敏捷性等造成限制。

游戏是一个不错的办法，孩子们都会喜欢游戏，家长可以多和孩子玩一些“大西瓜、小西瓜”一类的游戏，以此锻炼孩子的逆向思维和反应能力。

轩轩的爸爸经常和孩子玩逆向思维的游戏。比如让儿子快速地回答出自己提出的词语的反义词，或者是说“站起来”的同时要孩子下蹲。虽然这些游戏很简单，但是轩轩总是玩得不亦乐乎。而且通过这样的游戏，轩轩也逐渐掌握了逆向思维。考虑问题也全面多了。

• 给孩子一些没有答案的问题

孩子们的思维还没有固定，这个时候，家长可以多给他们提一些没有固定答案的问题，这样孩子慢慢就会知道，一个问题可能有很多不同的答案，这样孩子的思维就不会变得非常死板，从而养成辩证看问题的习惯。

• **实践出真知**

对于孩子来说，理论永远是枯燥无味的，孩子知识的积累多半源于实践，实践能够让孩子更容易理解问题。所以不要总是纸上谈兵，给孩子一些实际的问题让他去解决。孩子在这个过程当中思维会很活跃，思考的角度自然也会增多。

Chapter 8
好品性是生命的守护神，我们要尽量去接近

品性，是一个人的守护神。品性并非天生，而在后天培养，那么我们该如何帮助孩子建构起好品性呢？父母的人格魅力有多宽厚，孩子的品性就有多坚实。当然，前提是任何时候，你做得一定要比说得好。

只需4步让孩子学会担当

李威是个活泼好动的小男孩，今年上小学四年级。这一天，妈妈按时来接李威放学，让她奇怪的是，往常学校大门口挤满了学生，而今天只有李威一个人站在大门边。妈妈好奇地问他：“你今天怎么这么早就放学了？你的同学都回家了吗？”

李威摇摇头，得意地说：“妈妈，现在还没有放学呢！大家都在教室里进行大扫除。”

“因为老师分配给你的任务你都完成了，所以你提前出来了？”妈妈笑着问。

李威摇摇头说：“没有，我是看老师不在，又没有人管，就偷偷溜出来了。”

这话让妈妈皱起了眉头，她问李威：“每个人都要参与大扫除吗？”

李威点点头。

这时，妈妈严肃地对李威说：“回去！”

李威不解地问：“回哪儿？回家吗？”

“回教室去大扫除。”妈妈板着脸说。

李威原以为，自己凭着小聪明逃过大扫除，妈妈会为他的行为感到高兴，哪想到妈妈不仅不高兴，反而让自己回去参与大扫除，他不禁生气地说：“我不回去。”

妈妈严肃地对李威说：“这既然是全班都要参与的大扫除，作为班级的一分子，你就有责任为班级贡献你的这一分力量。所以你必须回去，这是你的责任。”

没等李威继续反驳，妈妈就领着李威去了班级。哪想到，同学们已经完成了大扫除，李威什么活都没干。李威以为这件事就这么算了，哪想到妈妈不仅要求他当着同学们的面承认自己没有参与大扫除，还要求他承认自己的错误。

李威向同学们认错了，也得到了同学们的原谅，可是他的心里憋着一肚子气，脸上就差写上“我不高兴”四个大字了。

吃过晚饭后，妈妈来到了李威的房间，她耐心地说：“儿子，还在生妈妈的气吗？妈妈反思了一下，今天做的事确实有些过激，我向你道歉好吗？所以，你能原谅妈妈吗？”

李威仔细想了一下今天发生的事，他意识到，今天确实是他做错了。虽然妈妈的做法让他丢脸，让他不开心，但初衷是正确的。现在，妈妈向他承认错误、向他道歉的行为，不禁令他有些不好意思。他红着脸说：“妈妈，我原谅你。其实，我也做错了。”

妈妈揉了揉李威的脑袋，认真地说：“谢谢你的原谅。你既然能意识到自己的错误，那就表示你已经明白妈妈今天这么做的初衷是为你好。妈妈不希望你成为一个遇到责任就逃避的人，妈妈希望你成为一个有责任感、有担当的男子汉。”

李威也意识到妈妈的良苦用心，明白了什么是责任，什么是担当。

担当，“担”为肩挑，“当”为承受，担当就是承担某种责任。

担当是一种勇气，是一种负责的行为。懂担当的孩子，身上有一种与生俱来的责任感，他们不管做什么事都会认真负责。而不懂担当的孩子，他们就如同温室里的花朵，稍经风雨就被吹折。那么，父母该如何将孩子培养成一个有担当的人呢？

• 教导孩子不要推卸责任

三四年级是孩子最调皮捣蛋的时期，他们对任何事物都感到好奇，这就意味着会犯下各种各样的错误。父母需要明白，孩子犯错是件再正常不过的事，因此不要随意责骂孩子、指责孩子，要先让孩子意识到自己犯下的错误，并让孩子明白，错误可以犯，但不可以推卸责任。然后引导孩子反思犯错的原因，并敢于承担错误的后果，最后想办法去补救。

例如，孩子把同学的文具弄坏了，要让孩子先承认自己的错误，向同学赔礼道歉。得到同学的原谅后，再让孩子与同学商量如何弥补过失。如果同学想要一个新的文具，可以让孩子用自己攒下的零花钱给同学买一个新的。

如果孩子想不出补救措施，父母可以提议一些。如果补救措施超出了孩子的能力范围，父母可以帮孩子解决，但这个解决并不是无偿的，可以让孩子用做家务来偿还，也可以让孩子用零花钱分期偿还。以此让孩子深刻地明白承担错误的重要性，学会担当。

• 培养孩子的责任心

孩子欠缺担当的能力，关键原因是缺乏责任心，而孩子责任心的欠缺很大一部分原因是父母造成的。因为许多孩子在犯下错误或遇到事情时，父母会直接为孩子解决问题。这会令孩子产生依赖感，无法认识到自己的错误，并认为帮自己补救都是父母应该做的。时间久了，孩子会变得没有责任心，变得没有担当。

三四年级是塑造孩子责任心的关键时期，父母要给孩子营造一个责任与权利并存的环境。父母可以这样做：让孩子参与家中一些小事情的决策权，听一听孩子的想法，并适当地采取孩子的决策，令孩子明白自己“长大了”，自己在家庭中有很重要的地位，从而产生责任感；孩子在做一件事情前，父母要强调事情的结果，让孩子学会承担，从而变得有责任感，变得有担当。

• 让孩子自己的事情自己做

孩子总有一天会长大，总有一天要独立，父母不可能为孩子护航一辈子。因此，父母要让孩子明白，他们不可能每时每刻围绕着他一个人转，要有意识地培养孩子自己的事情自己做的观念，令孩子在做自己的事情时学会担当。

在家庭中，父母可以给孩子一个“助手”的身份，分配给孩子一些力所能及的家务，例如妈妈做菜时，可以让孩子洗菜；妈妈扫地时，可以让孩子拖地；妈妈整理家务时，可以让孩子整理自己的房间等，以此来培养孩子的责任感，令孩子变得

有担当。需要注意的事，如果孩子没有认真完成自己的事情时，父母一定不要代劳，必须让孩子坚持完成。这样更能令孩子明白什么是责任，什么是担当。

• 给孩子树立一个勇于担当的好榜样

在许多家庭中，父母会经常当着孩子的面抱怨工作、抱怨社会、抱怨生活，甚至抱怨他人，这样的抱怨会令孩子的人生观、世界观、价值观产生错误，使孩子遇到事情或犯下错误时，不会自我反思，不会想着承担错误。父母是孩子的启蒙老师，是孩子的榜样。如果家长遇到事情就逃避，做错事情找各种理由推卸责任的话，又怎么能教育出一个敢于担当的孩子呢？所以，让孩子学会担当的前提是父母也是一个敢于承担的人。

三四年级的孩子已经有了辨别对错的能力，当父母犯错误或遇到事情时，当着孩子的面承担自己的错误，会让孩子深刻明白什么是对、什么是错，明白承担错误其实没有那么可怕。而父母承担错误行为，也会在孩子的心中留下一个高大的形象，成为孩子的好榜样。此外，父母也可以为孩子讲一些负荆请罪之类的敢于承担错误的故事，用生动具体的事例让孩子明白自己对他人、对社会所承担的责任，成为一个有担当的人。

让孩子成为一个有担当的人不是一朝一夕就能养成的，它是一个长期的过程。父母需要留心孩子身边点点滴滴的小事，不放过任何一个令孩子变得有担当的机会。

信守承诺才是好孩子

李好是一名四年级的学生，他的头脑特别聪明，每一次考试都名列前茅。然而，李好有一个不好的习惯，就是答应别人的事总是做不到。

每一次出去玩时，李好都会向妈妈保证在几点之前回家，然而每一次都不能按时回家，都是妈妈出去喊他回家；每一次吃冰激凌时，李好都会向妈妈保证再吃最后一个，可结果也不知道又吃了多少个；每一天晚上，妈妈都会催促李好去写作业，李好都会说："妈妈，我保证看半个小时电视就去写作业。"然而，半个小时后，李好还在看电视，没有一点要说话算话的意思。诸如这样不信守承诺的事还有很多。

妈妈觉得，她必须想一个方法，让李好深刻明白信守承诺的重要性。

这一天，李好上床睡觉，他像往常一样对妈妈说："妈妈，明天早上6点半喊我起床。"

"好的。"妈妈答应。

第二天，6点半的时候，妈妈没有喊李好起床，一直放纵李好睡到自然醒。

李好睁开眼，看到闹钟已经8点了，吓得赶紧起床穿衣服，嘴里还大声说："妈妈，我被你害死了，我迟到了。"

因为早上起来太匆忙，李好忘记了带作业，再加上迟到，让他被老师狠狠批评

了一顿。英语课上，又因为早上没来得及背诵单词，而被老师罚抄单词。总之，这一天做什么事都不顺利。

放学回到家，李好抱怨妈妈说：“妈妈，你昨晚上答应6点半喊我起床，怎么今天早上没有喊我？”

“我忘记了。”妈妈假装无辜地说。

李好一听，非常生气地说：“答应别人的事，说到就要做到，这可不是你推卸责任的理由！”

“嗯，妈妈已经认识到了错误，以后一定会信守承诺。不过，你答应别人的事也会信守承诺吗？”妈妈认真地说。

妈妈的话让李好想到以前自己说话不算话的行为，他不禁羞红了脸，并表示以后一定说话算话，信守承诺。

信守承诺就是将说出的话做到。可是，因为孩子的忘性比较大，又因为没有白纸黑字写下来，导致他们经常忘记自己说过的话，将信守承诺不当一回事。就像莎士比亚说的：“谁要是相信小孩子的誓言，那他一定是个疯子。”

通常来说，孩子不信守承诺有两个主要原因：一个是对信用缺乏认知，一个是缺乏责任感。然而，信守承诺是一种责任，是一个人的基本素养，也是一个人品格魅力的体现。不管事情有多小，只要答应了别人，就一定要尽全力做到，这样才会在他人心中留下诚信的印象，才能获得他人的信任与尊重。如何让孩子遵守承诺，父母可以掌握以下几种方法。

• 给孩子树立诚信的榜样

在日常生活中，许多父母为了诱导孩子做一些事，总会不经意地许诺孩子某些条件，但事后总不会兑现。孩子的希望落空后，会十分沮丧，会发现父母在欺骗自己。三四年级的孩子模仿能力强，他们会不自觉地模仿父母的行为，所以父母言行不一致，不履行承诺，孩子就会跟着去模仿。

父母要培养孩子诚信的好品格，首先就要做到自我诚信，做到言行一致。就像我国著名的思想家曾子，他的妻子有一次为了让孩子不跟着自己出门，就向孩子许诺只要不跟着她出门，回来会杀猪炖肉给他吃，孩子果然乖乖留在了家中。曾子为了给孩子树立一个说话算话、诚信做人的好榜样，就真的与妻子将家里唯一的猪给杀了。

父母如果给孩子做下了许诺，不论重不重要，都要坚守承诺。如果真的有其他很重要的事影响了承诺，可以向孩子如实说明情况，并延缓一下承诺时间，但最终还是要完成自己的诺言。人无信而不立，父母只有以身作则，孩子才能说话算话，养成信守承诺的好品质。

• 对孩子进行诚信教育

三四年级的孩子还欠缺一些自制力，有些承诺没有经过大脑思考就轻易说出口，直到最后无法达成承诺，才会陷入尴尬的境地。父母要对孩子进行诚信品质的教育，要教育孩子守信用、负责任，让孩子明白诚信是立身之本。

父母要教导孩子，在向他人许下承诺前，一定要三思而后行，量力而为。如果事情超出了自己的能力范围，那就不能轻易夸下海口，不能对人许诺。如果经过再三努力，承诺没有兑现，要诚恳地向对方说明原因，表达歉意。这样，孩子在答应别人时，就会有章可循，对诚信有一定的规范作用。

• 正确处理孩子的不诚信行为

孩子的成长不仅仅指身体上的成长，它还包括知识、能力、品格等方面的成长。所以，孩子的品格有欠缺，会有不诚信的行为是件很正常不过的事，这是不可避免的。父母要理性对待孩子的不诚信行为，因为只有经过正确的教育，才会将孩子的诚信品格渐渐培养起来，成为一个有诚信的人。

当父母发现孩子的不诚信行为时，不要随意地责骂孩子，因为责骂不能解决任何问题，反而会让孩子为了逃避责任而说谎。父母应该听一听孩子的解释，与孩子共同分析没有信守承诺的成因，让孩子从根本上认识到不诚信行为带来的恶果与弊端。这样，孩子才能真正意识到诚信的重要性。

• 与孩子签订“君子协定”

“君子协定”不仅仅是口头上说说而已，它需要落实到纸上。当父母与孩子约

定一件事时，可以写下一个君子协定，像签合同一样写下甲方乙方的规矩与条款，然后找一位公证人，最后签字画押。这样的协定对孩子来说既新鲜又有趣，会让孩子认为自己是个大人，责任感不知不觉就挑在了肩上。等完成几次君子协定后，孩子自然能明白信守承诺的真正含义。

不论是父母还是孩子，只要违反了君子协定，必须一视同仁接受处罚。处罚可以有打扫家庭卫生，一天不吃零食等，以此让孩子深刻明白不信守承诺的后果，从而明白诚信的重要性。当然，有惩罚就要有奖励，如果孩子做得好，父母可以给予适当的表扬与奖励，让孩子在信守承诺的道路上再接再厉。

孔子说："人而无信，不知其可也。"意思是说，诚信是一个人的根本，不信守承诺，将很难在社会上立足。作为父母，我们要从小培养孩子信守承诺的好习惯，这样才能让孩子获得友谊，获得别人的尊重，才能让孩子在以后的工作中，得到别人的信任与认可。

善良是孩子心间最美的花朵

一位妈妈带着女儿经过街头，看见一个跪在地上乞讨的老人，她衣衫褴褛、蓬头垢面，看起来很可怜。

这位妈妈本身就是个温柔和善的人，她看见这种情况，每次都会从包里拿出钱来给老人。其实她们的生活也不宽裕，女儿也曾问妈妈："妈妈，为什么要给这个奶奶钱啊？"妈妈说得简单又朴实："谁没有老的那一天呢，没办法赚钱，饭都吃不上了，多可怜啊！"妈妈的行为影响了女儿，以后再遇到这种情况，女儿都会主动地跟妈妈说："妈妈，我们帮他一下吧！"

其实她们给钱又能给多少呢？但是善良的人，总是尽自己最大努力去帮助别人。莫以善小而不为，莫以恶小而为之。善良不分高低贵贱，只要心怀善良，就能让心灵丰富而柔软起来。妈妈在女儿面前做善事，不是作秀给路人和孩子看，而是发自内心的同情。虽然可能只是拿出几块钱，但对孩子的影响却非常深远。

一个土豪爸爸带儿子吃饭，不差钱的爸爸点了好多好吃的。但是儿子还小，没有那么大的胃口。父子俩使劲吃还是剩下好多，有些甚至都没有动。有一个像乞丐的人走过来，直勾勾地盯着饭桌，这位爸爸看见了，赶紧喊服务员："打包！带回家喂狗去！"并且恶狠狠地看了那个乞讨者一眼，那人失望地走了。

儿子不解，问道：“爸爸，咱家哪儿来的狗啊？”爸爸说：“傻儿子，咱就是扔了，也不能给他吃啊，让他占我们的便宜？”儿子默然无语，小小年纪的他不知道该怎样质疑爸爸，但是他肯定会纠结，自己以后遇到这种事情该怎么办呢？

好品行包括的品质很多，俗话说“人之初，性本善”，孩子生来带着善良，这是本能的好品质，也是家长们最应该守护的人性中最美的花朵。如果不好好守护和培养，等到枯萎的那一天，再想重新培养，怕是很难做到。

• 父母有颗善良的心，为孩子做榜样

一个人心地纯洁和善，对别人没有恶意，就是人类的善良定义。动物没有善恶之分，什么都是本能之举。但是对孩子来说，善良是他们美好的本源。在成长过程中，善良会受到家庭与社会的双重影响，而家庭成员的言行举止，都不自觉地影响到孩子。

所以，家长是孩子的第一任老师。父母是否心怀善良，是否做善事，直接影响到孩子。有时候不需要父母说，只要做给孩子看，自然会给孩子留下深刻的印象，时间久了孩子就会保持可贵的善良品行。

• 帮孩子树立正确的价值观，善良不是软弱

学校教育和家庭教育是相辅相成的，如果学校每天都用各种办法告诉孩子，善良是人之本，要保持友好友善的心。而回到家里，却听到父母说这么一句话：“马善被人骑，人善被人欺。你在外面别那么好说话，不然别人就会欺负你。”孩子一心向善的心情，是不是就要被打击了呢？

“父母之爱子，则为之计深远”，父母疼爱孩子的心可以理解，怕孩子太善良被人欺负，经常吃亏不就成了软弱的人了吗？这是家长教育的误区。善良是保持自己的尊严，而对需要帮助的人提供力所能及的帮助。而软弱则是被迫接受无理要求，自尊被践踏。两者含义完全不同，家长教育孩子时要注意帮孩子区分。

• 创造机会培养孩子的善良

现在的孩子面对信息爆炸的时代，每天都会接收各种不同形式的信息：视频、音频、新闻……这些对于处在成长发育期的孩子，有利也有弊。因为每个人三观不

同，传递出来的价值观也不一样。小小的孩子就开始接触一些负面内容，后果不堪设想，可家长们该如何创造机会培养孩子的善良呢？

支持孩子参加学校的集体活动。学校举行的集体活动，都是有目的有意义的。比如组织孩子清明节扫墓，带领孩子们去做义工，或者开班会组织孩子们献爱心。老师在集体活动中传达善良的可贵之处，同时孩子在同龄人的激发下也更容易意识到自己的善良行为可贵之处。如果不参加，那么教育孩子保持善良的机会越来越少，很容易错过最佳教育期。

父母带孩子出去活动时，示范给孩子看。比如街头献爱心捐助活动，就可以把钱给孩子，让孩子去投钱，接受组织者的赞美。一起看电视节目时，如果有受灾地区的播报，建议让孩子一起看，发表看法，关注受灾地区的后续报道。如有需要捐赠的活动，尊重孩子的捐献意见。

参与感对于培养孩子来说非常重要，寻找这样的机会，让孩子感受到做善事的意义。这样才能让孩子的善心如同一颗小种子，在心中不断地长大、发芽，伴随着年龄的成长，直到长成一棵参天大树，温暖孩子的一生。

百善孝为先，给孩子上堂“孝心课”

郭东沉迷游戏，为了闯关升级，他花光了自己的零花钱。看到身边小伙伴们都有钱继续玩，而且装备比他齐全，他就回家告诉妈妈自己需要钱，用来买书学习。做父母的自然喜欢孩子上进，就算家里十分不宽裕，妈妈还是拿出钱来给儿子买书。郭东拿到钱之后，兴高采烈地冲进了游戏厅。

郭东的妈妈是名环卫工人，他总觉得自己妈妈的职业不光彩，有时候和同学在一起，看见妈妈在扫地都不愿意跟妈妈打招呼。

这一天，郭东的钱又用光了，他跑到街上找妈妈要钱。当他找到妈妈时，他看到妈妈穿着厚厚的衣服，坐在一个台阶上，啃着馒头，喝着凉水，没有一口菜。没错，妈妈把饭菜钱都给了他。

郭东没有走上前，但这一次并不是因为觉得丢脸，而是觉得自己太不孝顺了。许久后，他走到妈妈身边，帮妈妈扫起地来，再也不提要钱的事儿。

尊老爱幼，一直是我们公认的传统美德。它之所以被不断提起，不断被推崇，是因为孝心是做人的根本。教育孩子有孝心，是教育感恩的表现，是培养孩子心怀大爱的途径。每个小生命来到世上，第一眼看到自己的父母，就会深深地依赖与依靠。父母则是本能呵护孩子的成长。如果孩子不懂得孝顺父母，如何做好与同学、

老师之间的关系呢？

• 养成好的家庭关系，学会爱才能学会孝

养孩子和教育孩子是两码事。养孩子就是吃穿满足即可，但是教育孩子更要偏重品性上的教育。和谐的家庭氛围，能让家庭成员树立健康的感情观。父母在孩子面前的关系也很重要，夫妻感情好，让孩子能心态健康平和。

身为父母，对孩子的态度也能影响到他的心理。不管是急脾气还是慢性子的父母，面对孩子都要保持耐心。网上流行说“一辅导孩子做作业，就控制不了自己的情绪”，许多人非常赞同。但是大家有没有想过，孩子在犯错误的时候，是应该接受批评，但不应该是大发雷霆。成长中他们会叛逆，犯错的时候太多，既要严厉批评，又要让孩子感受到关心和爱。

否则，孩子在家里习惯看到争吵，习惯看到以暴制暴的场面，还能学会爱，学会孝吗？答案自然是否定的。孩子在家看到爸妈甜蜜，感受到对自己的爱，那么孝敬父母在他心里就变成很自然的事情。

• 注重细节培养，让孩子感受到被需要

有人说不知道该如何教育孩子有孝心，尽管他们知道这个品性十分重要。其实大家都说以身作则，自己好好孝敬老人，孩子见多了自然就会知道是什么孝道。这么说其实不假，父母的言传身教非常重要。

但是现在有个情况，在父母孝敬老人的时候，孩子或者心不在焉地看手机，或者是敷衍了事。因为他们知道自己的父母在照顾爷爷奶奶、姥姥姥爷，但是自己帮不上忙，所以跟自己没有多大关系。

这时候，就要学会从生活中的细节去培养孩子，让孩子有种被父母需要的感觉，才能激发孩子自觉地体贴和关怀爸爸妈妈。比如跟孩子一起去超市的时候，买太多东西，要让孩子帮忙，感受一下父母的重担；父母生病不舒服的时候，尽管可以“撒撒娇”，要求孩子给按摩一下，或者倒水喝洗水果。

当孩子接受父母的请求帮助时，能感受到被父母需要的感觉。孩子一天天长大，父母一天天衰老，我们就是要这衰老更“明显”一些，让下一代学会尽孝。

• **隔代溺爱会影响孩子的品性养成**

现在不管是一胎还是二胎，等妈妈的产假一过，大部分孩子都是爷爷奶奶或者姥姥姥爷看着。常言说隔辈亲，老人看孩子的时候，与其说是宠爱，不如说是溺爱。常常看到许多老人围着一个孩子转，有点当牛做马的感觉。由此诞生了许多小霸王，小霸王会有孝顺的想法吗？未必会有，习惯了被谦让的孩子，等到上了小学一样会非常霸道，不仅是学校关系搞不定，孩子更多的是不把父母的辛苦放在眼里。

无视父母的心血和付出，随便扔掉饭菜，故意弄脏衣服，这样的孩子时间长了就会养成目无尊长的习性。等到那个时候再想起跟孩子聊聊“孝”事儿，恐怕就有点难度了。所以，父母不要溺爱孩子，也要提醒长辈们不溺爱孩子。别都围着宝贝转，也别认为孩子的骄纵等长大了就好，那样会害了孩子一生。

心存谦逊，才能不断进步

又给满满当当的墙面添上一张奖状，沈亮不由得有些沾沾自喜起来。

平心而论，今年刚上小学四年级的沈亮确实是个非常优秀的孩子，多才多艺，成绩名列前茅，拿过不少竞赛的奖项。或许也正是因为太优秀了，所以沈亮不免有些骄傲。

在发现儿子的这点儿小毛病之后，沈亮妈妈也苦口婆心地和他说了不少大道理，告诉他做人应该谦虚，谦虚使人进步，骄傲使人落后，但沈亮根本就听不进去这些话。

一次，沈亮妈妈带沈亮去一个许久不见的朋友家做客，朋友的儿子陈昧比沈亮小一岁，今年上三年级了，听说也是个极其优秀的孩子。

去到朋友家之后，两个年纪相仿的孩子很快就玩到了一处。和性格张扬的沈亮不同，陈昧是个略有些害羞的孩子，非常乖巧又懂礼貌。之前在家里的时候，沈亮妈妈就没少在沈亮面前夸陈昧，沈亮虽然也挺喜欢陈昧，但心里始终不是滋味儿，便想在这个小弟弟面前显摆显摆自己有多厉害。

沈亮注意到茶几上放着一本摊开的数学练习册，上面有一道用红笔勾画出来的题目，大概是陈昧不会解的题，于是便拿了起来，颇为热心地对陈昧说："这题是

不会做吗？来，哥哥给你看看。”

陈昧很高兴，凑了过去礼貌地说了一句：“谢谢哥哥。”

一开始，沈亮想着，自己怎么说也上四年级了，陈昧才上三年级，而且自己成绩那么好，解这道数学题那绝对是信手拈来的。结果没想到，读了半天题目，沈亮居然毫无头绪，他有些郁闷地看了半天，这才发现，这本练习册居然是奥数竞赛题，心里不由得有些气闷，但是又不愿意在小弟弟面前丢了面子，于是只得偷偷借来妈妈的手机在网上搜索到了答案和解题思路，然后才煞有介事地“教”陈昧做题。

把这事糊弄过去之后，陈昧带着沈亮到自己的房间参观模型，沈亮这才发现，陈昧房间的书架上摆着满满当当的奖杯，比自己的还多呢，而且基本上都是金奖、一等奖。沈亮顿时有些羞愧起来，想到刚才一直在小弟弟面前显摆自己有多厉害的样子，真是恨不得把头埋到沙发里。

从朋友家离开之后，沈亮妈妈注意到沈亮似乎情绪有些低落，得知了事情的前因后果之后，沈亮妈妈笑着对沈亮说道：“天外有天，人外有人。不管你多么优秀，在这个世界上，总是存在着比你更厉害的人，等着你努力去超越。而一个人，只有懂得心怀谦逊，才能不断进步，变得越来越优秀。所以，儿子，妈妈知道你很优秀，但你也不能因为自己取得的成绩就骄傲自满、沾沾自喜，只有时刻都把‘谦虚’两个字牢牢记在心里，你才能不断地提升自己，让自己成为更优秀的人。”

谦虚是进步的阶梯，不要骄傲，这也是孩子成才的品性之一。培养孩子保持谦虚，才能让他们在优秀的路上走得更远。

• 帮助孩子正确认识自己，谁都有进步的空间

现在的家长教育理念已经改变，自己从小受到的是批评教育，导致许多人缺失信心。所以等到他们做了父母，更喜欢多鼓励孩子。鼓励孩子没有错，但是过多的鼓励反而会导致孩子自信心膨胀，对自己的能力产生错误判断。

在每一个父母的眼里，自己的孩子都是完美的天使，不自觉地就想夸奖孩子鼓励孩子，这是无可厚非的。我们也一直提倡表扬，因为表扬能帮助孩子树立自信。

但表扬一定要注意一个度，偶尔批评并不是挑刺，而是告诉孩子他并不完美，没有骄傲的理由，我们要让孩子自信但更应该让他们懂得谦虚。

• 教育孩子勇于接受批评，改正错误

接受赞美很容易，接受批评却是比较难的。良药苦口，忠言逆耳，大人都知道这个道理，但是如何让孩子勇于接受批评，改正错误呢?

首先让孩子知道，不管是老师还是家长，指出他的错误，并不是说不喜欢他。相反，是因为对他充满期待，想让他变得更优秀，才会批评指正。自尊心强的孩子接受不了批评，家长需要正确引导，这才是真正为孩子好。

谦虚的品性是孩子进步的动力，每个人都会犯错误，孩子的成长就是在不断的犯错与修正中得到提升。就算是天才，也有不足的地方，我们的孩子在犯错的时候需要谦虚地接受别人的指正，不狂不躁，不骄不馁，才能走向成功的人生。

• 多读书，读好书，借鉴名人故事教育孩子

许多孩子喜欢看书，不管是绘本还是故事书，都能作为教育孩子的一个工具，培养谦虚向上的品格。所以家长可以与孩子在读书上互动，多读一些有启发性的名人故事。在读的过程中，与孩子交流，启发他们思考：“名人都已经有那么多的成就了，为什么还那么谦虚呢？”亲子阅读，让父母与孩子的关系更融洽，不知不觉传递给孩子正确的三观理念。

三国时候的吕岱是一位达官贵人，很多人都十分崇敬他，见了他都说一些恭维的话。久而久之，吕岱觉得自己真的是很厉害。后来他遇到了徐厚，徐厚不管对方是什么人，皇子还是平民，只要是有错误，他都指出来。所以吕岱十分喜欢徐厚，尽管他为此经常没有面子。但是徐厚说的，这正是吕岱需要改正的缺点。为此，徐厚去世的时候，吕岱大哭，哭诉以后自己无从进步了。

类似这样的故事，就可以讲给孩子听，趣味性很强，也能让孩子听得进去。身为父母，想办法让孩子接受自己的缺点，心存谦逊，拒绝过分骄傲，善于学习别人身上的长处，才能做一个优秀的人。

成长黄金期

高年级

Chapter 9
不要怕，成长的烦恼是一项成人礼

小学五六年级，是孩子从儿童走向少年的时期，面临身体狂风暴雨般的变化，他们既渴望又恐惧，既快乐又烦恼，内心充满着种种困惑。此时，父母一定要及时陪同孩子一道应对，让孩子明白成长是一件美好的事情，积极看待自己“长大”的种种迹象，有一个自然平稳的心理过渡。

说出“小花蕾”的秘密

今年12岁的童童是一个漂亮可爱的姑娘。最近，妈妈发现童童走路时总是故意弯着腰，于是善意地提醒了她一下，没想到童童却表示，由于胸前凸起，她不好意思站直了走路。妈妈这才意识到，原来女儿已经长成大姑娘了。

妈妈很想告诉童童，这是女孩长大的必然经历，弯腰走路对她的发育很不好。可是话到嘴边，又不好意思开口。为此，妈妈很是苦恼。

家有小女初长成，相信同样作为妈妈的你，也一定有和童童妈妈一样的经历和困惑。面对女儿的身体发育，你也一定一边欣喜着，一边担心着，并且不知道该怎样对女儿进行正确的引导。

孩子的成长必然会伴随着身体的变化。大概从10岁开始，女孩的身体便会迎来前所未有的巨大变化。此时，孩子们的心理往往还没有做好充足的准备，对于胸部突如其来的变化并不能很好地适应。尤其是那些发育较早的女孩，当她们看到别的女孩胸部平坦，自己却胸部隆起时，常常会觉得很害羞，惧怕别人的嘲笑，再加上刚刚懂事的男孩们的窃窃私语，她们便会觉得自己始终处于一种尴尬的状态，在生活中也总是努力去掩饰自己的胸部，以避免自己的窘迫。上面故事中的童童就是这样的情况。

对于孩子的这种状况，父母特别是妈妈应该耐心地加以指导，在生活中多关心孩子，用孩子能接受的方式告诉她们这些都是女孩成长路上的必有经历，是正常的生理发育。

为了帮助父母，特别是妈妈更好地掌握指导孩子的方法，在这里我们首先和妈妈们介绍一些乳房发育的基本知识。

乳房和月经初潮一样，也是女性成长发育的重要标志。通常，女孩的乳房发育期会持续4—5年，10—11岁时开始，16—17岁的时候发育成熟。

乳房发育是女孩成长过程中的一个关键时期，应该引起父母的特别重视。那么，父母应该如何在女孩乳房发育期，以适当的方法告诉女儿相关的生理知识呢？

• 告诉女孩这是正常的生理现象

如果女孩发育较早，她们通常会更难为情。此时，妈妈应该明确地告诉女儿：不必在意男孩投来的异样眼光，更不要害怕自己的身体变化，乳房发育是女孩成熟的标志之一，是一种正常的生理现象，你现在之所以感觉自己和别的女孩有所不同，是因为每个人的发育情况不一样，有的女孩发育早，有的女孩发育晚，你和大家并没有不同。女孩乳房的发育是身体成长的必然，是健康和美的体现，你应该为自己感到高兴，这说明你真的长大了。

• 告诉女孩要及时佩戴合适的文胸

在乳房刚刚发育的时候，不少女孩会感觉身体一下子多了很大的负担，尤其是在参加体育锻炼时，更会感觉胸前累赘。此时，妈妈应该告诉女孩是该佩戴文胸的时候了。

在女孩发育之初，妈妈应该细心地为女孩挑选合适的文胸。一方面，文胸可以帮助女孩对乳房进行一定的聚拢，让女孩不会因乳房的颤动而感到不舒服和尴尬；另一方面，及时而正确地佩戴文胸有利于乳房的健康，能避免乳头受到摩擦，让乳头保持原有的弹性和健美。

妈妈在为女儿挑选文胸时要本着舒适、无压迫感、无紧束感的原则，最好是随季节的变化，选用不同的面料，不同厚薄的胸罩。

• 协助女孩改善乳房发育不良

女孩在乳房初发育时，有时候会出现乳房一大一小，或者双侧乳房发育不均、乳房不发育、乳房畸形以及乳房包块等现象，妈妈往往会非常担心。事实上，遇到这些问题不必惊慌，因为这些并非不可改善。下面提供两种改善的方法：

第一，让女孩适当参加一些健美运动，通过运动促进胸肌发达，让她们的乳房发育更加丰满；

第二，带女儿看妇科医生，请求她们的帮助。一般情况下，妇科医生会根据女孩的实际情况进行适当的调治。

需要注意的是，判断女孩乳房发育不良不能过早下结论，一定要等到女孩身体发育定型后才能确认。

• 告诉女孩要保持乳房的清洁卫生

一般情况下，女孩在月经前后会出现乳房胀痛、乳头痒痛等情况，这些都是内分泌造成的。此时，妈妈要提醒女儿，不要随意去挤弄乳房或者抠剔乳头，否则容易使乳房破口发生感染。为了缓解不适，可以经常清洗乳头、乳晕、乳房，以保持乳房的清洁卫生。

事实上，女孩在乳房初发育阶段之所以会感觉害羞不自然，不敢昂首挺胸，很多时候并不是因为她们真的害羞，而是因为她们对身体的变化还不能很好地适应，毕竟现在的孩子都很聪明，接收信息的渠道也很多，她们往往什么都懂。此时，妈妈需要掌握一定的方法，帮助女儿调整身心，例如可以让女儿邀请一些关系比较好的同学到家里玩，从同学的角度给她帮助，引导她自信起来。

是时候解释“大姨妈”的来龙去脉了

芳芳刚上小学五年级。有天早上，芳芳去上厕所，可是刚走到厕所不久，妈妈便听到芳芳在厕所里惊慌失措地大叫起来：“啊，妈妈，你快过来！”

妈妈急忙赶过去，问：“怎么啦？出什么事啦？”

芳芳带着哭腔说：“妈妈，你看，我流了好多血。”看着一脸害怕的芳芳，妈妈微笑着对她说：“女儿，别怕，这是正常现象，恭喜你长大啦！”

说完，妈妈给芳芳拿来了干净的内裤换上，又耐心地教芳芳卫生巾的正确使用方法。等一切收拾妥当后，妈妈把充满疑惑的芳芳搂在怀里，认真地给她讲解了月经的常识和相关注意事项。最后，妈妈欣喜地对依偎在自己怀里撒娇的芳芳说：“宝贝，从今天起你就真的长大啦！”

晚上放学后，妈妈专门准备了一大桌芳芳爱吃的菜庆祝女儿长大的日子，看着妈妈的用心，芳芳感动地说：“妈妈，谢谢你，我太幸福了。”

家有小女初长成，女孩到了豆蔻之年，便会迎来生理上的重要变革，月经便是其中重要的一项变化。

因为一些传说，月经又被人们俗称为“大姨妈”。“大姨妈”的初次到来对于女孩来说是生命中最重要的时刻之一，女孩来“大姨妈”的时间通常有先有后，据调查

显示，女孩子小学四年级时开始来月经的概率占5%，到了五年级时增加到22%。

虽然“大姨妈”对于女孩来说意义重大，但它却并不受女孩欢迎，对于这种生理现象，许多女孩都会感觉困惑。有机构曾就女孩对“大姨妈”的看法做过调查，调查结果显示，有40.4%的女孩认为来月经是一件十分麻烦的事情，有20%的女孩认为“这是见不得人的事”，有45%的女孩会在刚来月经时感到紧张、恐惧和害羞，而这些情绪对她们的成长是非常不利的。

为了让女孩愉快而顺利地接受“大姨妈”的到来，父母（建议妈妈）应该在这个“大日子”来临之前主动地为女儿介绍月经知识，并对女儿进行相关的心理疏导。

令人遗憾的是，生活中大部分父母都没有做到这一点。当女儿月经初潮时，妈妈要么不解释，要么仅仅告诉孩子这是每个女孩都会经历的阶段，孩子往往云里雾里，并不知道月经究竟是怎么回事，更不知道应该如何去看待月经，因而将月经视为一种困扰。

如果妈妈能像上诉案例中芳芳的妈妈那样，对女儿的月经给予充分的关注和重视，帮助女儿缓解月经期的紧张和不适，对女儿进行正确的引导和疏导，孩子便能更坦然地接受“大姨妈”的到来。关于具体怎么做，下面是一些很好的技巧。

• 有技巧地和女孩谈“月经”

许多父母觉得和女儿谈月经是一件十分难为情的事情。对于女孩来说，她们本身也会对月经这件事情充满抵触和抗拒，不愿意和别人分享。父母如果能掌握一些谈月经的小技巧，和女儿的月经交流便会变得更轻松、更简单。以下分享几个方法，以供借鉴：

（1）购买一些与月经相关的书籍和DVD等，等时机成熟的时候给女儿看，并由此和女儿展开月经话题。如果女儿愿意，最好陪她一起看，如果女儿不愿意，也可以让她自己单独看。

（2）通过提问题的方法来打破僵局。例如，当你偶尔听到女儿提及月经话题时，可以耐心地询问一下她的信息来源，并接着孩子的话题谈论下去，给予孩子正确的引导。

• **女孩初潮时，向女儿表示祝贺**

来月经是女孩成长过程中的重要阶段。当女孩月经初潮时，首先要真诚地祝贺女孩，告诉她这是她长大的重要标志，来了月经就证明她在生理上发生了巨大变化，她正在从一个小女孩向一个成熟女性过渡。

• **传授给女孩月经期的注意事项**

当女儿因为月经而担心害怕时，告诉她这是正常的生理现象，一定要正确对待。此外，在女儿来月经期间，妈妈还应该教会女儿一些饮食、卫生、作息时间方面的注意事项，让女儿清楚知道月经期间出现腰酸、嗜睡、疲劳、乏力等现象都是正常的。如果妈妈做到了这些，便能够帮助女儿减轻心理负担，让女儿在月经期更加轻松自然。

• **帮女儿做好经期的卫生保健**

做好经期卫生保健对女孩来说是十分重要的，妈妈可以通过以下几点来帮助女儿：

（1）提醒女儿加强自我防护，并协助女儿挑选质量过关的卫生巾，尤其要避免用消毒不严格的普通卫生纸来代替卫生巾。

（2）妈妈要做好女儿的生活管家，一方面，要告诉女儿要多注意休息，保证充足的睡眠。另一方面，为女儿准备的饮食要营养丰富、易于消化吸收，帮助女儿增强体质，恢复精力。

（3）告诉女儿在月经期间不要进行长跑或者长时间骑自行车等剧烈的体育运动，以免过度疲劳导致抵抗力下降，诱发感冒等疾病。

（4）告诉女儿在经期不要接触冷水，更不要参加游泳等活动，要时刻注意身体的保暖。

男生和女生不一样

隔壁家的邻居小哥哥成成只比小花大两个月，每次妈妈让小花喊成成哥哥，小花都一脸不服气：“凭什么喊他哥哥啊，不就比我大两个月吗！”不仅如此，小花还特别喜欢和成成较劲。因为小花发育比成成早，个头一直比成成高，小花最喜欢的事情便是站在成成面前“俯视”他，每次这样做的时候，小花都会在心里扬扬得意地想：“长得比我还矮，还想让我叫哥哥。”

刚上小学时，小花乖巧可爱，学习成绩也好，老师都很喜欢她，相比之下，成成就调皮多了，成绩也一般。成成的妈妈总是痛心疾首地对成成说：“你怎么就不能向小花学习学习呢，人家比你小，成绩比你好，还比你乖巧。”每次听到这些话，小花心里就像喝了蜜一样甜。

转眼间，两个小家伙都上五年级了。小花和成成之间的较量，也发生了变化。这一年，成成的个头就像坐火箭一样，蹿得飞快，已经远远超过了小花，小花对成成的“俯视”也变成了“仰视”。不仅如此，成成的嘴唇边开始慢慢长出了一些淡淡的绒毛状胡须，声音也开始变得低沉……

小花觉得成成仿佛变了一个人一样，完全没有了小时候的样子，越来越高大健美，也没有小时候那样“令人讨厌”了。最重要的是，成成的学习成绩也一下提了

起来，特别是在数学上面。

小花心里很是不服，她困惑地对妈妈说："妈妈，你知道吗，现在我们班的小女生还会偷偷看成成呢，为什么他变得越来越有吸引力了呢？为什么我现在不长高了，成成却越长越高？为什么我的学习成绩会变得比成成差呢？妈妈，是我变笨了吗？"

妈妈温和地笑着说："你看看你自己，是不是也和刚上小学的时候不一样啦？你在变化，成成当然也会有变化啊。你们都长大了，在你们这个年龄阶段，男孩会更高大健美，更具有阳刚之气，女孩会越来越窈窕丰满，具有柔美婉约的气质；在智力方面，男孩会更擅长科学知识，所以成成的数学成绩会比你好。傻女儿，你一直都很聪明、很棒，你现在之所以觉得自己变笨了，不像原来一样事事强于成成了，是因为男孩和女孩所擅长的领域并不相同。妈妈相信你，只要你努力，你也可以将不擅长的变成擅长的。"

小花妈妈说得非常正确。孩子从11—13岁开始，人体内分泌便会发生一系列变化，人的第二性征便会显现出来，男女的性别差异、行为特征也会更明显。由于这一阶段的男孩和女孩的发育有所不同，在强烈的好奇心的驱使下，孩子们往往会更加关注异性的成长，甚至会默默地关注异性。但是这种关注一般只是孩子的好奇。

具体来说，男孩和女孩在生理上会表现出以下不同：

女孩的第二性征主要表现为乳房、阴毛及腋毛等。由于个体的差异，女孩的乳房发育年龄各不相同，大致的时间段应该在8—13岁之间。女孩在乳房发育的同时，个头也会突增。女孩性发育早晚的另一个重要评定指标便是月经初潮。各国女孩月经初潮的年龄会有一定的差异，总体来说，经济发达、营养水平较高的欧美国家女孩月经初潮来临较早，发展中国家相对较迟。在我国，女孩月经初潮的大致时间段在10—16岁之间，平均初潮年龄为13—14岁。因为卵巢功能尚未成熟，女孩在月经初潮后的1—3年内尚无排卵、月经周期不规律都是正常现象。

男孩的第二性征发育主要表现在阴毛、腿毛、胡须、变声、喉结上。由于个体的差异，男孩们阴毛开始发育的年龄也是不同的。在阴毛发育大概1—2年后，男孩的腋毛、胡须便会出现。与此同时，男孩额部的发际会向后移，并逐步形成男性成人面貌。通常，男孩的喉结出现于12岁左右，此时，男孩的声音会变粗，到18岁左右，男孩的喉结便发育完成了。除了这些常见特征外，有些男孩的乳房也会发育，一般先有一侧乳头突起，乳晕下可触及硬块及轻微的胀痛。当出现乳房发育后，男孩和父母也不要惊慌，这种现象一般半年左右便会自行消退。

除了上面提及的第二性特征发育的差别外，男孩女孩在身高、体重、肩宽、骨盆宽等形态发育方面也会有所区别。女孩身高突增的年纪一般在9—11岁，而男孩的身高突增期则在12—14岁，此后，男孩女孩间的身高差异逐渐拉大，男孩体型最终定型为肩部宽阔、肌肉发达，而女孩体型则是骨盆宽大、臀部丰满。这也是为什么小花在上初中后，身高矮于成成的原因。

当孩子长到11—13岁、迈入青春期的预备阶段后，面对男孩女孩不同的生理变化，家长们应该怎么做呢?

• 引导孩子正确认识自己的生理变化

11—13岁一般是孩子踏入青春期的预备阶段、生理开始发生变化的关键时期。对于这一阶段的孩子，父母一方面要对孩子加以正确的引导，让孩子正确地认识和理解自身的生理变化，促进孩子的健康成长；另一方面还应该正面而严肃科学地教导孩子正确的生理卫生知识。

• 引导孩子正确看待与异性之间的交往

培养正确的性别角色和健康心理很重要的一点便是异性交往。大概从小学五六年级开始，男孩和女孩会变得不一样，尤其是在生理方面。此时，父母应该引导孩子正确看待异性关系，和孩子强调，男女有别，在和异性交往时，要坦然大方，把握好情感分寸，不做超越朋友界限的事情。如果对异性产生了好感，要正确处理这种情绪，理智地控制自己的感情；如果收到了异性的“纸条”或“求爱信”，要保持理性，正确对待，万不可感情用事。

告诉孩子“白色液体”不尴尬

小明是一位刚上六年级的小学生，有一天起床后，他发现床单湿漉漉的，他以为自己尿床了，可是他很快发现内裤也黏黏的，上面还有一摊白色液体，散发出一股难闻的气味，并不像尿床的迹象。小明十分害怕，以为自己得了什么怪病，因为不敢和爸爸妈妈讲，他忐忑不安地换了干净内裤，并将脏内裤偷偷藏到了床底下。

整整一天，小明都在焦虑不安中度过，上课时无法专心听讲，下课了也不想和同学们一起玩耍，老师以为小明遇到了什么麻烦，问他需不需要帮助，小明也只是摇摇头。下午放学后，小明飞快地离开了教室，一口气跑回家，偷偷将藏在床底下的内裤拿出来洗了。吃饭时，小明也没有胃口，做作业也总是出错，妈妈发现了小明的异常，便关切地问他，发生了什么事情。小明吞吞吐吐的，不想开口。在妈妈的一再追问下，小明才小心翼翼地将早上发生的事情告诉了妈妈。

听了小明的话，妈妈顿时松了一口气，温和地对小明说：“恭喜你，你已经长大了，这些都是你成长过程中的正常现象，是每个男孩都要经历的生理发育……”

虽然妈妈的话说得是正确的，但小明听了妈妈的话，更加迷茫了，他觉得，自己一定是得了怪病，妈妈为了宽慰他，才让他别担心。

事实上，小明的确没得怪病，他只是遗精了。正如妈妈所说，这是男孩成长过程中的一种正常生理现象。进入青春期后，男孩的生殖器官日益成熟，在受到刺激后会不断产生精子和精液，精液在体内不断地积蓄，当达到一种饱和状态时，就会通过遗精方式排出体外。也就是说，男孩的遗精实际就是人们常说的“精满自溢”的结果。因为这种遗精现象通常发生在晚上做梦的时候，所以人们又称它为“梦遗”。

遗精是一种正常的生理现象，当男孩发育到一定阶段，便会出现遗精。一般来说，男孩首次遗精的平均年龄为12—15岁，每月遗精次数在1—2次，有时会稍多几次。作为男孩走向成熟的重要标志，遗精意味着男孩具备了生育能力。因为缺乏心理上和知识上的准备，男孩在第一次遗精时通常会感觉意外、惊讶和不知所措，有的甚至会像上文案例中的小明一样以为自己得了怪病。此时，父母应该对男孩进行正确的引导，告诉他们遗精究竟是怎么回事以及遗精后的正确处理办法，减轻男孩的担心和焦躁。

那么父母要如何正确引导男孩认识“遗精”这种现象呢？下面一些建议希望对父母有所帮助。

• 坦白告诉儿子“遗精不可耻”

遗精是每个男孩成长中都会经历的事情，它是一种自发的、不随意的反射活动，不能受人的意识所控制，它拥有一个固定的周期。男孩长到了十二三岁，便会出现遗精现象。许多男孩会将遗精现象看作一种可耻的行为，并因为遗精现象而感觉惶恐不安。事实上，遗精无关思想道德的好坏，它只是一种正常的生理现象。

当孩子出现遗精现象后，父母应该及时进行教育和疏导工作，告诉他们每个男孩子都会经历遗精，遗精并不可耻。此外，父母还应告知男孩正确处理遗精问题的方式。一是在遗精后需要用卫生纸清除排出物、清洁皮肤，并及时更换内裤，将脏内裤清洗后在阳光下晾晒；二是要穿着宽松的内裤，因为过紧的内裤会增加对阴茎的摩擦，容易引起性冲动；三是要注意卫生，保持外生殖器的清洁，避免包皮垢刺激龟头。

• **引导男孩正确对待遗精，尽量减少性刺激**

男孩在出现遗精后之所以会感觉迷茫、痛苦和耻辱，一般有三方面的原因：一是对遗精缺乏正确认识；二是受到了外界的一些性刺激，例如浏览色情网页、看黄书等；三是父母没有及时发现和重视。

为了引导孩子正确地对待遗精，减少对孩子的性刺激，让孩子将更多的精力放在学习上，父母一方面要鼓励孩子多参加集体活动、培养良好的生活习惯；另一方面要引导孩子不看色情书刊、黄色网页等。

• **教导孩子控制遗精次数**

遗精次数是判断男孩身体健康的一个重要依据。但大部分孩子并不清楚究竟遗精多少次才算正常。

正常情况下，青春期的男孩每个月会遗精2—3次，遗精多发生在梦里。对于正常的遗精，男孩们不必感到羞愧和不安。倘若遗精次数过多，或者在清醒状况下遗精，就要引起重视了。一般来说，不正常的遗精现象多产生于遗精者思想过分集中在性问题上，或者有手淫的坏习惯。此外，包皮过长、尿道炎、前列腺炎以及身体虚弱、劳累过度等身体因素也会导致遗精过多。

让孩子学会控制遗精次数可以从两方面着手：一是培养孩子正当的爱好和高尚的生活节操；二是转移孩子的注意力，平时多让孩子参加一些文娱、体育活动。

声音变了，你长大了

小强今年刚上初一，爸爸妈妈发现，和小学时候相比，小强仿佛一下子长高了，性格也变得沉默起来，不再像从前一样活泼可爱、喜欢说话。

以前，小强放学后总会留在学校和同学们打一会儿球再回家，可是最近一段时间，小强总是一放学便回家，而且将自己关在房间里，也不和爸爸妈妈说话，爸爸妈妈为此很是担心。

这一天，小强的爸爸决定和小强谈谈。吃饭时，爸爸关切地问：“小强，你是不是遇到了什么难题或者有什么不舒服，爸爸可以帮你吗？”

哪知小强并不领情，只是答了句：“都没有，您想多了。”

“那你为什么最近突然变得沉默了，放学也不和同学玩了，回家就把自己闷在房间里，也不和我们交流，我和妈妈都很担心你啊。”爸爸继续关切地问道。

“因为我觉得自己的声音突然变了，爸爸，你没发觉我的声音变了吗？最开始，我以为我是感冒了，我悄悄吃了一些感冒药，可是声音还是没有变回来。我不知道自己是怎么了，我现在说话的声音变得很难听，我不想被别人听到，我怕别人笑话我，所以我就不想说话了。”在爸爸的关心下，小强终于说出了藏在心里的秘密。

听完小强的话，爸爸欣慰地说：“儿子，你应该早点告诉我啊，不要担心，你的声音之所以变了是因为你到青春期了，开始变声了，这意味着，你将变成一个真正的男子汉了。”

变声期是男孩成长的必由之路，几乎所有的男孩在成长的过程中都会遇到和小强一样的变声苦恼。当孩子开始变声，就意味着他即将步入青春期了，此时，父母应该对孩子进行正确的引导，教孩子正确看待自己突然变粗的嗓音。

在十二三岁以前，男孩和女孩的声音几乎没有本质上的差别，但在男孩进入变声期后，他们的声音会变粗变沙哑。变声期属于青春期第二性征的表现之一，它的产生与人体中性激素的分泌有关。每个人体内都有性激素，性激素又可以分为雄性激素和雌性激素两大类，一般来说，男性体内雄性激素要多于雌性激素。男孩喉部的发育受雄性激素的影响最大，当男孩步入青春期后，在雄性激素和其他一些激素的作用下，他们喉部的软骨会迅速增大，其中一块甲状软骨向前突出，形成了喉结。随着软骨不断长大，它上面的声带也会被拉长、增厚，于是男孩的嗓音就会变粗。通常，变声后的男孩声带会增长一倍，最宽可达3毫米，音调会比之前降低一个八度。

每个男孩的成长都要经历变声的过程。因为个体的差异，男孩的变声期长短并不是固定的，一般会持续半年到一年的时间。当男孩处于青春期时，他们的喉部和声带都比成年人小，往往非常脆弱和娇嫩，稍不注意就会出现声带水肿，声音嘶哑、假声带活跃、喉头红肿等状况，需要特别注意对嗓子的保护。引起声带病变的原因很多，睡眠不足、疲劳过度、身体着凉、在唱歌前或唱歌后吃冷饮，以及抽烟或过量饮酒等。

当孩子进入变声期后，父母可以告诉孩子：每个人都会经历这个阶段，爸爸小时候的声音也和他之前一样童真，后来长到他现在这么大的时候就发生了变化，并且最终形成了现在的嗓音。现在他的嗓音之所以会听起来粗哑尖厉、变调，是因为他的声音变化还没有完成。再等几个月，他的声音就会变得更平稳，更有男子汉气概。

此外，当孩子进入变声期后，为了避免孩子的声带出现病变，父母还应该教会孩子以下几点：

• 尽量避免感冒的发生

感冒会使声带充血，造成声音嘶哑，是造成嗓音病变的关键。青春期的男孩要尽量避免感冒，当天气发生变化时，父母要及时提醒孩子增减衣服。此外，当正处于青春期的孩子感冒后，父母应该告诉孩子尽量少说话，更不要大声喊叫，要保证让充血的声带得到充分的休息，防止不良情况的发生。

• 唱歌时注意歌曲的音域

如果变声期的男孩想唱歌，应该选择适合13—14岁男孩唱的歌曲，所选歌曲的音域不能太宽，音调也不能太高，唱歌的时间不宜过长。此外，唱歌时要掌握正确的发声方法，大喊大叫、引吭高歌都会伤到嗓子。

• 注意营养

注意营养的调理对于保护变声期孩子的声带非常有帮助。以下提供一些有利于声带保护的饮食参考：

第一，注意胶原蛋白和弹性蛋白的摄入。

喉头、喉结、甲状软骨和声带共同构成了男孩的发音器，而这些组织主要是由胶原蛋白和弹性蛋白构成。变声期的男孩多吃猪蹄、猪皮等富含胶原蛋白和弹性蛋白的食物，对于保护声带十分重要。

第二，多吃富含B族维生素的食物。

维生素B_2、维生素B_6，对于声带的发育非常有帮助。变声期的男孩应该多吃动物内脏、蛋黄、鳝鱼、豆类、发酵豆制品、木耳等富含维生素B_2、维生素B_6的食物。

第三，少吃或不吃辛辣、刺激性食物。

辛辣、刺激性食物容易刺激声带黏膜，引起急、慢性喉炎，咽炎等，因此正处于变声期的男孩要尽量少吃或者不吃辣椒、大蒜、胡椒粉等辛辣食物，更不要吸烟、饮酒。

第四，适当饮水。

适量饮水是为了减少口腔分泌物，对于预防咽炎的发生很有帮助。

• **合理运动**

正处于变声期的男孩适当做一些游泳、健身操等运动量不大的体育运动可以增强体质，对保护声带很有帮助。需要注意的是，举重、单杠、双杠等过于剧烈的运动还是要少做，一是剧烈运动会加重声带和喉部肌肉充血；二是这些运动会让颈部、面部、下颌肌肉因过分用力而僵硬，影响发声；三是这些运动还会让胸部肌肉因过分用力而变得僵硬，影响呼吸的弹性。如果长期做这些运动，男孩的假声带和拉动声带张合的肌肉会失去弹性，严重的还会因假声带水肿或增厚导致喉室变小，影响发声功能。

总之，为了让青春期的孩子能拥有清脆、磁性的嗓音，家长和孩子都应该引起重视。

Chapter 10
可以有小情绪，重要的是稳定它

小学五六年级，是小升初最关键的两年，也是最紧张的两年，孩子的情绪容易极端化、冲动、好逞强，这些都不利于孩子学习和成长，身为父母，我们要教会孩子对情绪进行自我调控，这是最有效的方法，只有孩子学会了自我调控，那么他们再遇到这种情况时才能够更好地去面对。

先接纳孩子的情绪，再想办法改变

12岁的文光是一个处事果断、遇事有主意的男孩子，但是有些性子急，暴躁易怒，有人一不小心碰他一下，或说了一句不经意的玩笑话，都会让他暴跳如雷，那足以发出100分贝的嗓门儿是他引以为傲的独门利器，几乎让班里的每一个同学都退避三舍，有时就连老师面对它都有些不知所措。

一次体育课上，一个同学踢足球时不小心撞了文光一下。尽管该同学当即表示了歉意，但文光还是生气地对着同学大吼大叫。老师和同学们纷纷过来劝说，谁知文光直接在该同学手臂上咬了一口，痛得该同学直叫。因为这事，老师严厉地批评了文光，并给予他纪律处分，就连父母也亲自登门给同学道歉。

还有一次数学考试，身为数学课代表的文光在数学老师那里提前知道了分数——86，他显得很不满意。数学课上，数学老师开始念考试成绩，说到文光的名字时，教室里响起文光响亮的声音："老师！您别念了！"老师一愣，还是把成绩念了出来。接着就听"轰隆"一声，文光的桌子倒在地上，课本撒了一地。只见他脸涨得通红，眉头深锁，走到台上，用手把卷子用力一抓，然后快步走回座位。

对于文光的脾气，父母也觉得无可奈何："为什么这孩子脾气这么狂躁，一点小刺激就可以使他大发雷霆。唉……我们到底应该如何教育才好？"

“孩子脾气一点就着，乱打乱踹或咬人。”

“一生气就砸东西、搞破坏，简直无法无天。”

“孩子脾气越来越大了，越来越没法儿管了！”

……

很多父母对于孩子的暴脾气摸不着头脑，往往除了批评压制外，也显得束手无策。似乎很少有父母意识到，孩子发脾气背后有着深层的心理原因。其实，这是孩子在发泄自己的情绪。不管是谁，都有情绪不好的时候，尤其是小学高年级的孩子，需要面临学习压力和人际等多重复杂的问题，所以内心的情绪极易波动。

因此，作为父母，陪同孩子学会处理不良情绪是很重要的一课。

• 不要压制，鼓励孩子说出情绪

即便是高年级的小学生，自我情绪调节能力仍然很低，缺乏自我控制能力，表达能力差，只会用最原始的方式——发脾气。在情绪失控时，孩子可能会脸憋得通红、大喊大叫、打骂别人、乱摔东西等，虽然这些表现可能严重程度各不相同，但孩子其实都是在以自己的方式告诉我们——他遇到了阻碍。

所以，父母要非常重视孩子的感受，不要习惯性去压制，忽视孩子的情绪，而要接纳孩子的情绪，理解他们的脾气，倾听他们的喜怒哀乐，再想办法去转化孩子的负面情绪。比如，在孩子发脾气时，找个地方和他聊聊天，让他说出自己的情绪：“你看起来好像很生气，可以告诉妈妈你生气的原因吗？”

在了解原因之后，此时我们如果能设身处地体会孩子的心情，给他一个大大的拥抱，一个温和的笑脸等，再加以开导和耐心地说明，是能够消除或减轻孩子的不良情绪的。

• 不要说教，转移孩子的注意力

孩子一旦发脾气，就会把注意力集中在“生气”之上，很难独自走出来。此时，父母如果一味地说教，说得再口干舌燥，也无济于事，只会让孩子在负面情绪里越陷越深。此时，不妨想办法引导孩子及时转移注意力。例如，孩子因为考试不理想而烦躁，那么可以带孩子出去走一走，多参加一些户外活动，培养孩子广泛的兴趣爱好，或让孩子找好朋友一起聊聊天、谈谈心等，这些都可以转移孩子的注意力，起到安抚情绪的作用。

孩子越小，情感越不稳定，注意力越容易转移。

• 后果警示，小惩罚也是必需的

想要孩子不乱发脾气，就要给他们清晰的规则和不良行为的后果警示。

虽然我们不提倡“暴力执法”，但是面对孩子乱发脾气的时候，不论在家、学校、商场，一些小惩罚也是必需的。罚站面壁、罚坐板凳等。时间控制在2—5分钟，也可以延长1—2分钟，让孩子知道乱发脾气会有什么后果，让孩子做出判断和选择，知道这是不好的，慢慢地就会改正。

• 不要批评，教会孩子基本技能

孩子之所以发脾气，大部分源自认知和判断尚未成熟。高年级的小学生有些已经开始进入青春期，这个时期孩子的情绪表现得相当强烈，情绪起伏大，他们本身其实也很苦恼。为此，父母不应该批评他们，而应花些时间教会孩子一些基本技能，这些技能包括控制情绪的能力、适应能力和问题解决能力等。

比如，教孩子把心里的愤怒写下来、画下来，然后撕掉；遇到问题或冲突时，和孩子尝试用商量的方法解决，选择最令人满意的方案；拿不准自己的做法是否正确时，建议先在脑子里“演电影”，预演一下可能会发生什么事情，看到未来要发生的事情。只要孩子习得了这些能力，就会表现得更好。

教给孩子这些方法比批评更有用，可以让孩子用平和的态度去面对和解决问题，对自身、对他人的影响和伤害都更小，可使孩子保持心情舒畅、心态平稳，为学习注入无限原动力。

学习有烦恼，想办法说“Bye-Bye”

“我天生就比别人笨吗？为什么那些知识我总是记不住？”

“为什么别人平时玩得比我多，学得比我少，但成绩却比我好？”

“我一点也不喜欢学数学，数学课没有意思，而且又太难。”

“以前，我学习成绩比较优秀，可不知道为什么，现在学习成绩落下了一大截，摔了个大跟头，我现在讨厌上学。”

……

由于学习课程的增多，学习难度的加大，上述这样的烦恼，在高年级小学生中非常普遍。只是他们有的说了出来，有的憋在了心里。在教育学上，这是一个学习情绪的问题。

在实际生活中，不少父母习惯关注孩子学习的积极性高不高、学习成绩好不好、学习方法对不对等，而忽略了孩子的学习情绪。而坏的学习情绪，不仅会导致孩子对学习产生厌烦，而且是破坏孩子学习积极性的源头。久而久之，还会影响孩子的心理健康，这对孩子的学习和成长是非常不利的。

因此，身为父母平时一定要留意孩子的学习情绪。一旦发现孩子学习上有了烦恼，就要及时地帮助和引导孩子。

在这一方面，你只要陪同孩子做到以下几点就可以。

• 带着宁静坦然的心去学习

如果孩子学习努力，成绩却一直不好，主要原因是学习方法出了问题。在前面的章节中，我们已经提及多种学习方法，这里还要强调一个静心。学习是一项非常精细、严密的智力劳动，只有全神贯注，才能激发出智慧的力量。正如古人所说静能生慧，“静而后能安，安而后能定，定而后能虑，虑而后能得”。

生活中的杂念诱惑太多，学习过程中能不能静下心，完全掌握在孩子手里。这就需要父母陪同孩子学会自我意识的觉察与转移，排除一切干扰，不受影响。例如，当孩子在学习过程中走神，或心情低落时，要学会在心里马上给自己喊“停”，从无意识转入有意识的状态，进而保持内心的宁静。

• 带着高度热情的心去学习

现在越来越多的孩子对学习缺乏热情，即便奖励也无法激发孩子的激情，以至于孩子对什么都缺乏兴趣，对什么都无所谓。“热情是成功的第一要素”，在学习上也是如此，热情不仅可以激发孩子的学习动力，而且无论遇到什么困难都能迎上去，找办法解决，决不轻易屈服。很多时候，孩子的热情是要靠父母来激发和创造的。专家提出，对孩子来说，学习热情的激发，最重要的是在生活中的感受。

例如，孩子学数学的时候，搞不清哪些是重量单位，这是一个学习难点，而当孩子不能及时克服这个难点的时候，往往会有一种焦虑感。如果父母平时多让孩子去买东西，计算买多少斤白菜、买多少米等，那么孩子在学习时就会觉得有趣；如果孩子对成语很头痛，可以在家做词语接龙的游戏。

• 带着高度负责的心去学习

学习是一种成长，是用来帮助孩子们完善自己、建设人生的。学习中的烦恼有很多，不管累不累、愉不愉快，要想学习好，必须有高度负责的责任心，不能只凭个人爱好，更不能看个人心情。情绪再坏，对待学习也不能敷衍应付，要把注意力集中在应该做的事情上，然后竭尽全力地把它做好。

如果把情绪失控作为失职的借口，那么难道任何工作都要等到我们心情好的时候才去做吗？大厨不开心了就在顾客的菜里多加把盐；老师情绪不好就教学生“1+1=3”；制造汽车的工人情绪不佳就给汽车少装个轮胎……如果大家都因为情绪不佳而不好好做事，这个社会将变成什么样子？

为此，父母要认认真真地与孩子探讨学习的意义，告诉孩子“你今天付出什么去读书，明天生活就拿什么来回报你”“这个时期不努力学习，未来花十倍的时间也补不齐”“该学习时不学习，该干活时不干活，哪来的幸福人生”的道理。让这些道理深入孩子的心灵，内部的学习动力就产生了。

• 扎扎实实打好基础很关键

有些孩子由于学习基础不扎实，知识缺漏多，会造成学习困难，进而产生学习烦恼。因此，父母要陪同孩子扎扎实实打好基础，及时补好知识缺漏，形成学习上的良性循环。孩子获得了知识，体验了成功，赢得了大家的关注与赞许，他就会更有意识地学习，越学越有趣，越学越有劲。

下功夫去一点点地落实，一个个地解决问题。这几件事做好了，既能清除孩子学习的烦恼，又能使他们健康向上成长，父母就不用再操心了。

我家的“邮筒”和“BBS”

徐露是一名五年级的学生，最近一段时间，班主任发现以前活泼开朗、上课抢着发言的她变得沉默寡言，下课经常一个人坐在座位上发呆，学习成绩也不如以前。班主任主动与徐露交谈，问她最近学习上是不是遇到了困难，或者家里是不是发生了什么变化。经过一番了解，班主任得知了其中的缘由。

以前徐露每天放学回家后都会把学校发生的趣事说给爸爸听，爸爸也很爱听徐露说的事情。但这段时间由于爸爸工作忙，经常去外地出差，徐露就跟妈妈说学校发生的她觉得很有趣的事。但妈妈平时对徐露要求非常严格，“妈妈只关心我的学习，对学习抓得特别紧，对我说的那些事情毫无兴趣，甚至觉得我的那些话一点儿用都没有。她不想了解我的心思，我也就不想和她说了”。

“妈妈，今天我们学校发生了一件有趣的事情。”

“不是说了吗，不要每天回来就一个劲儿地讲你们学校的事情。”

“可是，妈妈……”

“好了，别说闲话了，赶紧写作业。”

对此，徐露很无奈地说：“现在每天回到家之后，我都会将自己关在房间里，除了吃饭，我和妈妈都不怎么说话。”

徐露这样的情况并不少见，很多父母都不重视和孩子的沟通交流。而亲子之间的沟通交流是影响亲子关系、影响孩子性格发展的重要因素。

看到这里，也许很多父母会感到很诧异，因为他们多半认为自己做得很到位："我天天在跟孩子说，你要好好学习，将来一定要考大学，一定要有出息，可千万别走某某的老路……"难道这不是沟通吗？还有父母觉得自己整天跟孩子在一起，陪着他写作业，为他整理书包，难道这不是交流吗？

实际上，问题的关键在于，沟通是双向、互动的，但是不少父母习惯用单向的、带有命令式的方式和孩子进行交流。习惯性忽视孩子的话语，不尊重孩子的话语权，慢慢地孩子就不再跟父母分享自己遇到的问题了，作为父母也就很难知道孩子心里真实的想法，沟通出现了断裂，教育自然难以施行。

曾创办《童话大王》月刊的著名作家郑渊洁认为"无论发生了什么事，孩子都会在第一时间告诉你，这就是合格父母的标准。如果一个孩子因为某件事情不开心，但却不愿告诉父母，那不是因为孩子不愿意说，而是不敢说。父母和孩子做朋友，给孩子一个宽松的成长环境比什么都重要"。

那么，我们该如何架起亲子之间的"沟通之桥"呢？

• 与孩子平等相处，营造轻松愉快的气氛

要想让孩子告诉我们他心中所想，首先我们必须以信任的态度来对待他，与孩子平等相处，和孩子进行一种朋友式的交谈，让家庭充满幽默感、亲切感，营造一种轻松愉快的气氛，这样更容易拉近与孩子的距离。与孩子敞开心扉随便聊天，彼此间就会建立起一条进行精神交流的绿色通道，自然能随时解决孩子的困惑和疑问，孩子也会更愿意倾诉自己的内心，接受父母的想法等。

当孩子跟你交流的时候，千万不要表现出漫不经心的样子，更不能随意地插话或打断，那样只会让孩子的内心非常沮丧，当然就不再愿意对父母敞开心扉了。所以，在和孩子交流的时候，一定要全身心地投入，要用信任、亲切的眼光注视他，让他感到父母在认真听，觉得父母很重视他。

• 主动与孩子谈话，提出有针对性的问题

有时，孩子在外面有了不愉快的事，回到家时不知道怎么样和父母说，父母应主动地与孩子谈话，而且应该抛出具有针对性的具体问题，“最近你们班里有新鲜的事情吗？说给我听听”。这样的问题，比较容易引发孩子在叙述具体事件时把心中的不快讲出来，以便父母进行正向的疏导。

如果孩子实在不愿意谈自己心中的不快，父母也不要紧着追问，可以安静地陪孩子坐一会儿，摸摸他的头，让他放松下来，还可以用亲切的口气对孩子说：“不急，你什么时候告诉我都行。”让孩子知道父母什么时候都陪着自己，听他倾诉，他心里会感到十分温暖，情绪也会得到好转。

• 让孩子畅所欲言，创造自由发言的平台

父母与孩子的情感交流是相互的，为此可以设置家庭“邮筒”和“BBS”。在孩子不愿意与父母交流，或者面对面交流不畅的情况下，鼓励孩子将自己的想法用文字形式叙述出来，写一封信或一段感言，给孩子创造一个可以自由发言的平台，能让孩子畅所欲言，这是一个既实用又行之有效的方法。

一些父母经常吐槽孩子越大越难沟通交流，很难管教，和父母关系很不好，心事不希望父母知道等，但林涵父母几乎没有这样的烦恼，因为林涵和父母无话不谈，遇到高兴和难过的事情都会第一时间和父母分享。当有人问及教育秘诀时，林涵妈妈神秘地说：“因为我们家有邮箱和BBS。”

林涵小时候喜欢画画，有一次，妈妈在整理东西的时候，看到了一张很有意思的画，画上一个小女孩哭得非常伤心，框里的旁白是：“为什么有了弟弟，你们就不管我了？”原来，家里多了一个孩子，爸爸妈妈更多的注意力放在弟弟身上，多少忽略了林涵，她心里委屈了。但直接告诉林涵“爸爸妈妈像以前一样爱你”有些直白，于是妈妈也画了一幅画，画上一家四口牵着手其乐融融，并在下方写了几句深情的话：“我们是相亲相爱的一家人，永远在一起，永远不分离。”

从此，林涵有什么心思，又没有机会跟爸爸妈妈当面诉说的时候，就用这种画图写信的方式，而爸爸妈妈也每次都认真回信。后来，他们在家建立一个“邮局”，设立三个“邮筒”，大家可以互相写信，写给谁的信就投到谁的“邮筒”里。等林涵大一点，学会上网之后，他们又新增了一个家庭BBS，在那里每个人都可以畅所欲言，说出自己想说的话，可以抱怨，可以发牢骚，有些话看似随便聊聊，但是父母能从中更好地了解林涵的情况，对林涵的引导和教育能随时随地进行。

这种方式增进了彼此之间的感情，避免了许多正面冲突，同时还提高了林涵的写作能力。

在亲子关系里，父母和孩子沟通无论采用什么样的方式，重要的都不是形式，而是最终的效果。最主要的秘诀就在于要仔细倾听孩子内心深处的声音，让孩子感受到平等、尊重、信任和爱，从而对父母更加尊重和敬爱，更加亲近，这样想要建立亲密的亲子关系的目的也就达到了。

没人是神话，批评不是全面否定

今年妙妙升入了五年级，她铆足劲要考市重点中学。孩子知道学习，而且很努力，这让妙妙父母感到很欣慰。但他们发现女儿的情绪波动非常大，而且听不得反面意见。比如，妙妙经常学习到很晚，妈妈想让女儿早些睡觉，说了一句这样对身体不好，妙妙就不高兴地反驳说："我不是小孩子，不要总是管我。再说，你又不是我，不知道我的作业多难，要我考好学校又不让我学到很晚，我怎么做你才满意？"

听到妙妙跟自己顶嘴，妈妈也生气了，批评道："说你一句，你反驳三句。我说错了吗？别人家的孩子怎么不用学那么晚？你怎么不说你自己笨。"

听到妈妈这几句话，妙妙更恼怒了："我就知道，你一直对我不满意。我就是笨，你再生一个聪明的天才孩子吧。"说完，妙妙哭着将妈妈推出房间，并锁上了门。

第二天，妙妙精神状态不佳地去学校了。上课时因为太困趴在桌子上睡觉，老师下课后批评她，她梗着个脖子不肯认错。

从那以后，妙妙对学习不再像以前那样积极了，并不时故意犯些错误以发泄心里的不满。比如，故意迟到，甚至旷课。

虽说现在实行素质教育，不推崇粗暴的棍棒教育，但批评还是免不了的。毕竟孩子做错事在所难免，孩子犯错时应该批评。只有表扬和批评并存，才能更好地教育孩子。但很多父母应该都发现了，孩子对待批评很难保持平常心，或是反驳，或是不理睬，又或导致情绪低迷，丧失学习斗志。

在批评面前，孩子们为何如此弱不禁风呢?

无论年龄大小，无论身份高低，自尊心是每个人都有的。谁都不愿意被批评，即使自己犯了错，高年级的小学生也是如此，他们已经有了自我意识，自尊心非常强烈，而且毕竟还只是孩子，身心发育尚未成型，心理承受能力不能和大人相比，敏感又脆弱，面对批评更缺乏自控能力，难免出现失衡。

我们相信，很多时候，父母之所以批评孩子，本意不是要伤害孩子，而是希望孩子能够记住教训，是为了矫正孩子的错误，引导他下次做得更好，孩子的进步是父母们所期望的。如果孩子不能保持一个良好的态度，那批评也就失去了意义。那么，我们应当如何引导孩子正确对待别人的批评呢?

• 心平气和回应，然后加以纠正

看到孩子犯错，父母一定难以忍受。很多父母习惯对着犯错的孩子拉长脸，情绪化地大嚷大叫。这时，孩子不仅要承受自己的负面情绪，还要承受父母的负面情绪。试想一下，孩子是不是很可怜?这种情况容易使孩子无所适从，他们当时可能没反抗，但心里也不服气，批评就起不到任何效果。

批评孩子不能以主观情绪为中心，而应以教育孩子为中心，所以父母应第一时间克制自己的脾气，心平气和回应。动之以情，晓之以理，说得深入浅出，循循善诱。要做到这一点，需要具有一定的理论水平和分析能力，看问题要透彻，分析问题要入情入理，这样批评才能恰到好处，让孩子心服口服。

• 改进批评方式，强化批评目的

要想让孩子不因批评而过于失落，那么，父母要对孩子进行合理的心理疏导，改进批评方式，强化批评目的，孩子才可能会转变心态。

“这也做不好，那也做不好，你到底还能做什么！”

“你真是太笨了，简直是丢人！”

“别人学习怎么那么好，你比别人脑袋少根筋呀？”

……

如果你正是如此批评孩子的父母，那么应该好好反省一下自己了。

孩子的心是脆弱的，孩子的心是柔软的。上面的话就像一把出鞘的利剑，会轻易刺破孩子脆弱的自尊。所有难教育的孩子，都是失去自尊心的孩子。所以，批评孩子可以，但一定要注意方式，“你这一道题做错了，但是我相信，只要你再认真思考一下，再用心去做一遍，就一定能把这题答对”。

高年级的小学生已经具备完整的独立思考能力，在父母这样的引导思考下，他们自然会有正确的判断，理解父母的苦心，诚恳接受父母的批评。

• 选择最佳时机，达到最佳效果

做事情都需要讲究时机，批评也是一样，需要选择最佳时机。掌握好时机，可以让孩子受到最小的伤害，达到最好的教育效果。一般来说，批评孩子最好是在他做错了事的第一时间里，因为间隔时间越短，孩子对错误严重性的认识越清楚，越容易知道这样做是错误的，也更容易接受和改正。

• 大庭广众之下，不要批评孩子

当孩子做错事情时，很多父母喜欢在大庭广众之下进行批评，这些父母认为一方面，当众批评教育能激发孩子的羞耻心，让他牢牢记住做错事情的教训，以后不敢再犯；另一方面，当众批评孩子还能让其他人知道，父母的家教是很严格的。如果你也有以上这样的想法，赶紧更新教育理念吧！

当众批评往往会对孩子造成无法弥补的心灵伤害，这可比孩子的错误行为严重多了。不管孩子犯了什么错，切勿不分场合地批评孩子。批评孩子的时候，还是私下进行比较好，最起码应在没有外人的情况下。比如，孩子正在和同学玩耍，你可以说：“儿子，过来一下，妈妈问你点儿事。”

俗话说，“人非圣贤，孰能无过。知错就改，善莫大焉”。批评教育的方法多种多样，但批评不是全面否定，归根结底在于使孩子正确认识自己的错误，从而诚恳地接受批评意见。批评应使孩子振奋，而不是使孩子气馁，时刻要记住：尊重、理解、帮助、鼓励，这才是最好的批评。

六年级，别让升学压力压垮孩子

高扬是一名六年级的男生，目前就读的是一所省重点小学，他平时学习很刻苦，课堂和平时的表现也获得了各科老师的认可。但每逢考试，特别是重大考试的前几天，高扬都如临大敌，紧张得无以复加，晚上睡觉都睡不踏实，甚至一进考场手就发抖。这种情况直接影响到他在考场上的发挥，最近几次考试都不理想。

这是为什么？

除了高扬本身积极进取之外，还有一部分原因来自父母的压力。高扬的父母因上学时成绩不够好，没有进入理想的学校，目前都是普通职工。因为这样，他们非常看重高扬的学习，平时成天逼着高扬学习，甚至比高扬还着急，不停地督促“你现在学习不好，以后就完了”“每次考试，你必须得保证考到前三名才有希望”……

对于高扬而言，分数是最重要的东西了。只有保证自己的成绩，才能让父母对自己显露笑脸。结果他越紧张，心态就越失衡，成绩就越糟糕。

原本活泼上进的高扬越来越消沉，父母非常着急却束手无策，毕竟父母不能代替他去参加考试。还有半年多，孩子就要参加小升初考试了，这样下去怎么行？

考考考，老师的“法宝”。学习高手学到最后，终究还是要面临考试的考验。

但是有些在平时成绩优异的学生，在临近考试时会表现得高度紧张、高度恐惧，导致复习时无法集中精力，考试时一看到卷子头脑一片空白，完全发挥不出自己的能力，这样的例子可以说是屡见不鲜的。

为什么孩子会出现如此的失衡心态呢？最直接的原因就是压力太大了。

小升初考试，是对小学生一个学期甚至是整整六年的学习成果的大检验，分数对于孩子而言是考核自身的一个重要标准，而大部分父母常以分数作为衡量孩子的标准。一旦发现孩子达不到要求，就会苛刻和责难。这一切加起来，给孩子带来的心理压力可想而知！

每一个父母都重视孩子的学习成绩，重视孩子的每一次考试，但是我们首先要重视孩子的心理问题。要深刻地认识到，孩子平时学习努力，但考试却发挥不好，多半存在心理压力。

那么，如何帮助孩子缓解心理压力，摆正考前心态呢？

• 分数不是唯一，父母要明确态度

很多孩子对分数的看法源于父母，当父母看重分数的时候，孩子才会给予分数极大的关注。如果父母能够自如地看待孩子的分数，那么孩子也就不会受分数的控制了。为此，父母不应该过度看重分数，而要注重培养孩子学习的能力，善于思考的习惯。在孩子成绩不够理想的时候，父母不要苛刻和责难，而应该给予鼓励和安慰，让孩子改变对分数的错误看法，认识到学习的真正意义。

童童的英语一直很棒，是六年级二班的新任英语课代表，这次期中测试她一心想表现自己，结果因为过度紧张，英语考试考砸了，她很失落。

妈妈知道后，没有批评童童，而是说："宝贝，你这次虽然没有考好，但你一直在努力，不是吗？这次哪里有错误，下次改正就好。考试是为了让你找到不足，一次分数不代表什么。"

听了妈妈的话，童童很快从失落中振作起来了。

学习的目的不在于分数，只有放下心头的重担，孩子才能快乐学习并积极应考。

• 双管齐下，提高孩子心理素质

小升初是人生的第一次大考，小学生各方面心理素质不成熟，心理承受能力差，很容易产生紧张、焦虑等情绪，因此父母要注重提高孩子的心理素质。

在心理上，临近考试时要多多鼓励孩子，相信自己的学习成果，不要害怕。考得好，不骄不躁。考得不好，也不要沮丧气馁，给心理砌一面牢不可破的高墙。在行动上，要结合孩子的学习情况制订提高学习效率和学习成绩的计划，做好充分的考前准备。双管齐下，孩子一定能坦然面对考试。

• 塑造良好环境，引导孩子解压

对高年级的小学生来说，越临近考试，班级的气氛就越紧张、越压抑，因为每个学生都在拼命地学习。如果回到家后，面对的还是压抑的环境，那么心理上肯定会更加紧张。为此，父母应为孩子营造一个良好的学习和生活环境，及时地引导孩子解压。等孩子心情放松了，考试正常发挥就不难。

比如，家人之间的情绪会互相传染，父母要保持一种愉快的心情，通过稳定自己的情绪稳定孩子的情绪；别在言行上给予孩子考试压力，多陪同孩子进行比较轻松的聊天、听音乐、看电视等；考前陪同孩子一起爬山、打球、游泳等，适量的运动能减少压力，转移对考试的注意力。如果孩子有难以入睡的状况，可以给他们安排健康饮食，喝热牛奶、吃带有芳香味的水果等方式来帮助睡眠。

决胜考场，赢在心态，在最紧要的关头，心态是赢取好成绩的法宝。

Chapter 11
你看那江河湖海，到处都是千帆竞渡

当前许多小学生在家庭生活中长期处于“中心”地位，对任何事都抱着无所谓的态度，依赖性强，竞争意识淡薄。没有竞争，无以求发展。教育过程中，父母要适时为孩子设置竞争氛围和环境，引导孩子敢于竞争、善于竞争，从多个角度挖掘自己的潜力，以适应未来社会的发展。

多亏有了一个“假想敌”

“我和原希是一对貌合神离的同桌，也是一对‘天敌’。

“在班里，我和原希的成绩都属于中等水平，后来升入五年级后，我俩展开了成绩大PK。别人考得如何我不在乎，我只关心原希，只要他的成绩比我高，即便只高1分，我都会十分抓狂，一直抓狂到下次考试的到来，争取下次考试超过他。原希也总是信誓旦旦地说：‘我一定再接再厉，不给你超过我的机会。’

“原希平时喜欢画画，他经常拿着自己的‘杰作’向我炫耀。这天，原希悄悄递给我一份新出的报纸，炫耀似的说：‘看到没，我的画登上报纸了。’为了和他一较高下，我也不甘示弱，开始认真练习书法，只要有时间就练习。功夫不负有心人，我的书法作品也获奖了，我终于成功‘回击’他了！

“学习上的压力越来越大，可我和原希之间的‘暗战’却从未停止。虽然这种状态有些辛苦、有些紧张，但我们各方面能力都得到发展，学习成绩都有了明显提升，尤其是这次期末考试我们两人成绩名列前茅。

“这天放学，我背着书包准备离开学校，原希突然从抽屉里取出一个盒子递给我：‘这次我能考这么好，多亏了你，你一直激励我前进。这是我画的最好的一幅画，送给你。’

“听了这番话，我非常感动，也很感激原希。因为，正是他这个‘敌人’，使我在学习和书法的道路上突飞猛进。”

这是一篇五年级小学生的作文，读完之后，你有什么感想？

在这里，我们再来看一则故事：一家环境幽静、水草丰美的森林公园养殖着几百只梅花鹿，饲养员们给梅花鹿提供了完全安全的生存环境。可是，几年后公园管理人员却发现鹿群不但没有发展，还病的病死的死，竟然出现了负增长。经过考证，才明白原来是因为梅花鹿没有公敌。

相信很多父母都听说过这个小故事，并在故事中受到发人深思的启示。即一种动物如果没有了竞争对手，就会变得没有生机、死气沉沉。一个人最可怕的是没有竞争对手。没有竞争对手，我们可能安于现状，失去旺盛的斗志，失去进取的动力，也就无法激发自身最大的潜能。

在学习上也是一样，现在很多孩子生活富足、条件优越，却常常在学习上表现得没动力、没热情。其中，缺乏竞争的概念和意识就是原因之一。因此，父母应该多问问孩子哪位同学被老师夸奖了，也可以和老师了解一些班里更优秀的学生，或者选择亲朋好友中优秀的孩子，帮孩子培养一个竞争对手。

这个竞争对手，是一个根本不存在的“假想敌”，其存在的根源就是竞争，以及竞争带来的心理防御机制。一方面，“假想敌”会形成一个良好的竞争氛围，让孩子从小明白优胜劣汰的道理，当要战胜对手，不能失败的竞争心理发生作用的时候，孩子会把自己不擅长学习、不喜欢学习等情绪抛到脑后，激励自己不断进步，从而充分发挥自身的学习能力，并唤醒处于休眠状态的潜能；另一方面，“假想敌”是孩子学习上的一面镜子，可以让孩子清楚地“照”出自己的问题和不足，加以针对性地解决，并且进一步吸取他人的优点，作为自身不断进步的营养来源。

无论多么懒惰的孩子，一旦有竞争对手出现都会努力拼搏，表现出更强的好胜心。不过，在给孩子培养“假想敌”的过程中，我们应该注意以下三个问题：

• 是“对手”不是“敌人”

在给孩子培养学习“假想敌”时，你要告诉孩子“假想敌”不是“敌人”，

“假想敌”也可以成为好伙伴和好朋友，让孩子树立起正确的竞争意识，平和、理智地对待对手。即竞争是手段，不是目的，“假想敌”和自己既是对手关系，又是合作关系，要齐头并进，要凭自身的实力超越他人。

如果孩子以“假想敌”就是要将对方比下去、拽下来的心态来进行竞争的话是非常危险的。比如“我发现他把数学作业题做错了，但我不愿意提醒他，这样我的名次就可以靠前一些”，或者“今天，他被老师批评了，我真高兴”。如此一来，孩子是不会有什么发展的，只会让自己变得自私、狭隘。

因此，当孩子出现这种情况时，父母一定要及时加以引导，给孩子讲一些两强相争最后惺惺相惜的故事来告诉孩子：要愉快地接受他人的进步和成就，只有良性的、公平的竞争才让使人获得快乐，不断进步，而那些想方设法不择手段去争取胜利的人，到头来收获的就只会有空虚和内疚。

• 设置阶段性的“假想敌”

培养“假想敌”是一柄双刃剑，如果孩子在竞争中取得胜利，固然会激发孩子的竞争意识和学习积极性。但如果孩子屡屡遭到失败，反而会适得其反。试想，孩子当前的班级名次在二十名左右，如果我们让他选择班级前三名的学生当对手，孩子短时间内追赶不上，就会挫伤自信心，变得消极。

因此，给孩子选择“假想敌”时应该讲究阶段性，先找与孩子年龄相仿、实力稍强的人选，让孩子能看到进步的希望，体验成功的喜悦。比如，如果孩子当前的班级名次在二十名左右，不妨引导他先选择十几名的同学当对手。当目标超越之后再寻找前十名同学作为第二阶段的目标，然后以此类推继续往下一个阶段设立目标，选择班级前三名的学生当对手，最终实现竞争力的提升。

• 要让学习的成果看得见

相扑比赛当中都用星星来标示比赛成绩，这样比赛胜负结果一目了然。选手们可以很清楚地看到自己还需要赢得几颗白星，名次才能进步。这种画星星的方法可激励人的竞争意识，把这种方法应用到孩子的学习当中再合适不过了。

比如，把“假想敌”的学习成绩或者名次用五颗星标示出来，再把孩子当前的学习成绩或名次用星星标出来，如两颗星、三颗星等，如此孩子可以清楚地看到如果想要战胜对方的话，自己还需要提高多少分，这样的成绩要保持多少次等，孩子每天有星星表进行参照，学习积极性会明显提高。

• 平时多跟优秀的人接触

如果一个人把眼光局限在一个小的区域内很容易得到满足，被眼前所取得的一些小成绩所迷惑。如果把眼光放远放长，那现在所取得的一切就微乎其微。因此，我们要鼓励孩子多跟优秀的人接触，体会“山外有山，人外有人”的道理，不因自己的“小成绩”而夜郎自大，进而时时保持进取心。

何况，和什么样的人做朋友，就会拥有什么样的人生。让孩子多跟优秀的人接触，通过认识他人重新认识自己，向他们看齐，确定更高的目标；向他们学习，找到更优的方法，让孩子在他们优秀品质的暗示下，见贤思齐，取长补短，逐渐成长成一个品学兼优的人，这不正是每位父母所期待的吗？

人生需要有紧迫感，快总比慢好

自从进入小学之后，董浩的学习成绩一直保持中上游水平，他学习也算努力，脑子也够聪明，缺点就在于太散漫。不管是玩，还是学习，或者是做其他的事情，他总是不争不抢，不紧不慢。可是升入高年级后，董浩却一反常态，做事的速度明显加快了许多，虽然用于学习上的时间不算多，成绩提升却非常快。

这是怎么回事呢？

原来，自从上了五年级后，董浩的父母送给他一个卡通闹钟，用来设定每次做作业的目标时间，如在30分钟内要完成这份练习、8点以前做完那份测试等。这样，别人一小时都完不成的作业，董浩40分钟就完成了。虽然学习时间相对少，但效果并不比别人差，学习自然也就越来越有动力。

当代社会竞争比的是什么？信息？资金？技能？……似乎这些都对，然而很多成功人士，靠的并不只是这些；而有的人即便拥有以上优势，发展也不一定顺利。因为，在这些资源之外还有一种很容易被忽略的资源，这就是时间。

“一寸光阴一寸金，寸金难买寸光阴”，时间对每个人都是平等的，谁有紧迫感，谁珍惜时间，谁勤奋，谁能在最短的时间里完成最多的事情，谁就有更强的竞争力。

小学高年级的学业渐重，竞争会更加激烈，只有一刻不停地学习、积累、进步，才可能取得好成绩，才可能脱颖而出。因此，父母应适当地运用一些方法，给孩子“制造”一种紧张急迫的气氛，让孩子的神经绷紧一些，产生争分夺秒的欲望和动力，赢得时间能够给予的一切，包括自己的未来。

在这里，提供给大家一种非常有效的方法——运用“截止时间效应”。从心理学角度讲，人的大脑有一定的惰性，在没有紧迫的任务时，容易产生松懈情绪，降低做事效率。但当要求自己在截止时间内完成一定任务时，大脑会自动摆出“背水一战”的阵势，让自己产生紧迫感，激发强有力的动力，并取得良好效果。

具体如何运用“截止时间效应”呢?

•帮孩子制定一份时间进度表

任何事情如果没有时间限定，就如同开了一张空头支票。只有懂得用时间划一个界限，才能做到圆满地完成许多事。所以，和孩子讨论怎么用时间，最好帮孩子制定每日学习时间进度表，记下要做的内容，定下期限。

比如，孩子在做一套数学试题，表现出不急不慢的态度时，你可以明确要求孩子在55分钟内完成，其中10分钟内做完选择题、10分钟内做完填空题、15分钟内做完应用题、20分钟内做完综合题等。

•规定结束时间而不是开始时间

运用“截止时间心理效应”时，父母要注意规定结束时间，而不是开始时间。这是因为，从孩子的角度来看，“从×点钟开始学习”是一种无限期学习，这样不利于激发孩子的时间意识，也会导致孩子丧失学习动力。其实，同样的句型，如果说“到×点为止必须学完”，规定学习的截止时间，让孩子清楚地知道学习的安排。那么，在这一段时间里，孩子心里自然会生出一种无形的推动力。

•把时间设置在合理范围之内

作为父母，在制定截止时间段时，我们要考虑一下孩子的实际情况，尽量把时间设置在合理范围之内。孩子的注意力是短暂的，如果持续时间太长的话，任何孩子都容易感到厌烦和不安。久而久之，孩子就会认为计划和实践根本就是两回事，

自然有人就达不到截止时间的真正效果了。

研究表明，注意力持续时间的长短与孩子的年龄有关，5—10岁的孩子注意力稳定的时间为20分钟，10—12岁为25分钟，12岁以上为30分钟。

• 提前制定一个明确的惩罚标准

在设定时限之后，事先与孩子一起商定好，要在规定的时间里保质保量地完成，并且提前制定一个明确的惩罚标准。如果孩子做得好，那么就要给予一定的奖励。如果做得不好，那么也要给予一定的惩罚，这样才能保证“截止时间效应”的有效实施，孩子才会形成紧迫的时间观念、提高有限时间内的学习效率。再加上不断地行动和努力，相信孩子不久就会向优等生迈进的。

• 如何变“逆反心”为“上进心”

茉莉是一名新入学的老师，她刚刚大学毕业，接手的是五年级二班的数学课。面对这位稚气仍存、说话温柔以及经验欠缺的女老师，好几个学生不把她放在眼里，经常明目张胆地和她作对，比如上课不听讲，下课不复习。“五年级的数学课很关键，你们一定要好好学”，茉莉磨破了嘴皮，但有学生仍旧不学。

有一次上新课时，茉莉想改变一下教学方法，让学生们先自学。可怎么调动起学生们的学习热情呢？茉莉按照前一天晚上想到的办法，先故弄玄虚地来了段“开场白”：“同学们，我这里有一道难题，今天本想让你们做一做，可是连我都没办法做出来，估计你们就更不可能做出来了。”

这时，一个学生不服气地接腔：“老师，让我们看看这道题吧。”好几个学生也跟着请求。

茉莉装作无可奈何地把题写在黑板上，偷眼一瞧，全班同学的积极性都被调动起来了，大家都在紧张地思索、演算。茉莉故意拖着长腔问：“怎么样，难住你们了吧！”

谁知，不一会儿，不少学生便陆续举起了手：“老师，我们已经做出来了！”

茉莉分别找几名学生说出做法和解题思路，他们都说得很正确，思路也很清晰。这时，茉莉顺势鼓励他们："同学们，你们真了不起，看来这节新课你们靠自学就能弄懂。对自己有没有信心？"同学们齐声回答："有！"接下来的时间里，学生们兴趣盎然，学习积极性特别高涨。

升入高年级后，随着自我意识的发展，小学生都要经过一段特殊心理期，即"逆反心理期"，此时的孩子不听话、不好教育。你越是制止孩子的某种行为，他们越是想要去做；如果你坚持采取某种行动，结果却会使孩子采取相反的行动。总之，如果你说东，孩子就说西；你说西，孩子就说东。

对于孩子来说，反抗就是反抗，根本不用讲道理，这就是孩子的心理模式。孩子的逆反心理真要命，那么父母们只能认命吗?

其实，小学生精力充沛，探求欲望强，对任何事物都充满好奇、好动、好问。作为父母，如果能把这种心理与逆反心理相结合，像开篇的那位聪明的老师一样，刺激孩子的逆反心理，进而激发孩子的上进心，使其主动参与到竞争中来，将收到比正面引导更好的效果，使孩子的学习和成长事半功倍。

下面三种利用孩子逆反心理的方法，父母们不妨一试。

• 用"你大概不会"激发孩子的好胜心

在本文开始，茉莉老师所运用的就是这一方法。当我们抱着质疑的态度说出"这么难的题目，你大概不会"之类的话语时，孩子与生俱来的逆反心理就被激发了，当然会不服气表示："我一定行！"进而激发出内心的好胜心。孩子既然已经宣布自己会做，就一定会努力学习，认真做了。

在实际应用中，我们还可以同时买一本简单一些的习题集和一本稍微难一些的。先给孩子做那本简单的，然后把那本难一些的拿出来，在孩子眼前晃一晃，"这本你现在还不会做"。当孩子说"我当然会做了"时，再半信半疑地递给他。这样激励孩子不断向比自身水平略高的目标挑战，就能更好激发其潜能。

• 正话反着说，负负能得正

正话反说的方法，是利用了孩子渴望独立的心理特点，使双方都得到各自想要的东西。有时候正面的劝说没有作用的话，不妨用否定的禁令实现我们的目的。当我们抛出否定命题时，他们也会毫不犹豫加以否定。结果，否定之否定就成了肯定，他们便在不知不觉中接受了我们的本意。

为了说得更清楚，不妨举一实例

当肖欢想让女儿帮忙的时候，一般都会说：“请帮我做一下……”听到父母的话，以前女儿都会回答：“好的。”然后，顺手帮父母一个小忙。可是现在，正在上六年级的女儿正处于严重的叛逆期，让她帮忙做事就没那么容易了。“你自己不会做吗？”“烦人！事儿真多。”……她不仅嘴上这样说，实际上也不会帮妈妈做事。

每天都和女儿做这样毫无意义的对话，肖欢感到相当崩溃，经常心里会很生气地想：乖乖地说一句“好”就那么难吗？后来，肖欢开始改变自己说话的方式，“你课外活动那么忙，恐怕没时间帮我做事吧”？如此正话反说，女儿反而马上回答：“谁说的？我马上就去！”

当然，这种方法一定不要过度使用，否则，孩子也会识破的！

• 想让孩子做什么，就暂时禁止什么

人们对于明令禁止的东西总是充满好奇，“不要动这个杯子”“不要看这样的书”……这些禁令被强调的次数越多，我们越想探究它们到底有什么秘密。可见，否定和禁令能起到意想不到的正面效果，所以如果我们想让孩子做成某事，就暂时禁止他去做就够了。你越禁止，孩子积极性越高。

比如，不少父母平时一般都会不停地要求孩子“快去学习”，结果如何呢？不要说孩子的厌学情绪丝毫没有得到改善，还会激发孩子们的反叛心理，不如试试把平时常说的“快去学习”改换成“不许学习”，或者“既然你不喜欢学习，那就不要学习算了”“如果你不想学习，那就好好地玩吧”，等等。

那么，大部分孩子会说“我偏要学习给你看”，于是主动积极地坐到书桌前面了。就算有些孩子会轻松惬意地玩耍，时间一久他们也会感到不安，同时对学习的渴求越来越强烈，这时如果你再允许孩子学习，孩子一定会像是“久旱逢甘霖”一样，把全部精力积极地投入学习当中。

“报酬效应”：给孩子的“油箱”中加满油

周鹏是一名五年级的学生，平时懒懒散散，不爱写作业，不爱看书，学习中等。老师总是说他脑子灵活，可就是没有上进心，每天想的不是玩电脑，就是打篮球。对此，周鹏妈妈总是忧心地说：“你一让他去学习，他就心烦。一玩游戏，他就高兴。唉……什么时候他能像喜欢游戏一样喜欢学习就好了。”

有朋友建议周鹏妈妈采用一些特殊措施，周鹏妈妈按照朋友的建议，给周鹏定了一个合适的学习奖励标准。周鹏的同学们都经常出去旅游，就周鹏去的地方少，妈妈答应他，如果能连续一个星期主动做作业，周末就带他出去玩一次。周鹏真的做到了，妈妈信守承诺，带周鹏出去一日游。

后来，妈妈又给周鹏定了一个目标：坚持连续一个月按时保质完成作业，就买一双早就看好的旱冰鞋。周鹏一直想让妈妈给他买一双旱冰鞋，可是他求了妈妈几次，妈妈总是不肯松口，这次妈妈居然主动提出这一条件，周鹏兴奋不已，之后他开始主动写作业，虽然中间也有过松懈，但一想到旱冰鞋他就动力十足。

渐渐地，周鹏养成了良好的学习习惯，期中考试成绩一下子从二十多名提到第十名。

这，就是“报酬效应”的妙用。所谓“报酬效应”，是指的当孩子有良好行为或学习成绩有所进步之后，父母给予相应的奖励。

作为新时代的父母，现在很多人已经摒弃了传统的打骂式惩罚教育，开始学着使用奖励来正面强化孩子的行为。但不少人仍然心存质疑，学习是学生应该做的事，父母为什么还要给孩子奖励？再说，孩子如果努力学习，好成绩本身就是对他的奖励，物质奖励会不会反而损害他的学习主动性？

这些担心其实没有必要，每一个人内心深处都有一种想要有所成就的强烈愿望，“报酬”是一种行为结果的有偿“反馈”，它对行为的继续起着十分重要的激励作用。

做自己不会做的事，或者不喜欢做的事，要忍受过程中的折磨感，对大人来说都很不容易。对于小学生来说，如果没有适时的奖励，更是很难坚持下去，毕竟毅力和耐心需要一点一点培养。“报酬效应”能诱使孩子产生积极进取的意识，集中精力去做那些兴趣不是很大，做起来有困难的事情。

比如，对于许多小学生来说，学习是比较枯燥的，尤其是高年级的学习更是一件令人讨厌的痛苦事，这个时候，体罚和斥责显然不会起作用，你只需在学习后面放上一些令孩子感兴趣的东西，“学习一个钟头，就带你出去玩”或者“你做完作业就可以玩一会儿游戏”等，“会有快乐的事情等着”这种期待感会改变孩子的心情，激发孩子学习的动力，绝对可以称作是高招。

“报酬效应”运用得好，就如同给孩子的“油箱”中加满油。不过，我们一定要讲究方式方法，要有教育意义和目的性。

• 让孩子参与“报酬”计划的制订

对于孩子们来说，奖励的有效性取决于奖励的东西是否能满足他们。所以，在设立“报酬”计划时，不如多让孩子参与进来，给他们提出建议和想法的机会。你可以问问孩子：“有什么办法能让你放学立刻写作业？”“有什么办法能让你在考试之前好好复习？如果给你奖励，你希望是什么？”

作为父母，我们总是要给孩子买些他们心仪的、一直想要得到的东西，那么既然早晚都要买，为什么不把这些东西作为激发孩子学习积极性的奖品来奖励给孩

子。当然，这种奖励不一定非要是物质的，可以是一种认可，也可以是他一直想做的一件事。总之，只要是孩子喜欢的就可以。

• 重在使孩子认识到奖励的意义

对孩子进行“报酬”时，要先肯定孩子的努力，使孩子认识到关键不是这件东西有多贵重、多稀有，也不是“你付出了什么，我等价交易地付你报酬”，而是“你最近的表现真的让我惊讶，竟然能做得这么好，这值得奖励”，或者“你能经受住玩耍的诱惑认真学，你是个踏实耐心的人，我们都以你为荣”的行动表示。

使孩子认识到奖励的意义，而不是让孩子感受到外部控制，更能激发孩子的成就感和自豪感，激发孩子内心自发的动机，这才是最持久有效的动力。

• 标准需综合考虑家庭经济能力

在对孩子进行“报酬”时，需综合考虑家庭的经济能力，切忌不切实际地对孩子进行过高价值的奖励。比如，有的父母属于低收入阶层，但是为了激励孩子，经常给孩子购买高价品牌服装等作为“报酬”。这样做偶尔一次还可以，如果总是如此，再想要激励孩子，只能用更高价值的东西，长此以往形成恶性循环，不但达不到激励效果，而且还容易骄纵了孩子，与激励的初衷背道而驰。一旦哪天父母撤去了奖励，孩子失去了物质的刺激，积极性也会即刻下降。

最后，最重要的是：一定要兑现对孩子的承诺。

输赢不重要，经历才重要

每个人都喜欢享受成功的喜悦，丁琦这个11岁的小男孩也不例外，而且他好胜心很强，处处都想争先。在家的时候，爸爸妈妈喜欢和丁琦玩象棋、比赛拍球等。为了让丁琦高兴，爸爸妈妈经常会故意“放水”，只要一比赛就故意让他赢。但是爸爸妈妈可以让着丁琦，可同学们不会事事让着他。

一天放学后，丁琦和几个同学一起玩五子棋，丁琦满怀“斗志”，最后却输了。丁琦非常气愤。他大闹着要重新来下，说刚才的比赛不算数，同学们都不同意。谁知，丁琦把棋和棋盘都掀到了桌子下面，委屈地哭了起来，边哭边喊：“谁让你们赢的，我才能赢。我刚才是不小心输的，为什么你们不和我再下。”

最后，丁琦哭着跑回了家，和爸爸说：“我跟同学们玩五子棋，我输给他们了。哼！我以后再也不跟他们一起玩了。”

现在社会竞争激烈，需要一定的竞争意识。但是有些孩子好胜心很强，在各种大小比赛中只能赢，不能输。孩子只能赢不能输，说明其敢于竞争，有上进心，不甘落后，这是好的方面。但是只能赢不能输的孩子，表现出的是抗挫能力低，在激烈的社会竞争中很难站稳脚步，笑到最后。

现代社会谁都回避不了竞争，优胜劣汰、适者生存是社会发展的必然趋势。

“胜败乃兵家常事”，谁也不可能总是赢家，谁也不可能老是输家。只有输得起，才能赢得起。道理我们已经明白，那么接下来，我们就应该通过实际行动，将“输得起”的心态注入孩子体内，对孩子进行积极地转变。

• 父母要从自身做起，正视输赢

很多父母往往有这样一种误区：喜欢让孩子在别人面前展示“才艺”，并以此作为自己的“门面”。如果孩子表现得好，就夸孩子聪明能干；如果表现得不好，就指责和埋怨孩子笨。这种教育方式是非常不可取的，因为这样做很容易让孩子眼里没有成长，只有竞技和输赢，最后走向两个极端，要么争强好胜，一定要赢；要么输了就爬不起来，甘愿就此沉沦。

身为孩子的“启蒙教师”，想让孩子“输得起”，父母必须先平衡自己的心态，正确看待孩子的输赢得失。当孩子在学习或游戏中受挫时，我们应该教育他克服沮丧和悲观的思想，分析失败的原因。即使孩子很优秀，也不要一味地称赞他，而是应当让他戒骄戒躁，以免走上自负的道路。

• 让孩子认识输与赢的辩证关系

即便是高年级的小学生，也仍然不太懂得输与赢的辩证关系。父母应该向孩子渗透这方面的道理，比如通过讲“塞翁失马，焉知非福”“福祸相依”等故事，让孩子明白能赢固然很好，输了也没有关系，输不见得是坏事。只要笑对每一次的输，认真分析原因所在，就有可能反败为胜。

董栋参加学校的演讲比赛，但没能进入决赛，他一回到家就哭了：“我输了，我没用。”

“不”，爸爸开导道，“这并不能代表什么，要我说，这正激励你的成功呢。”

董栋不解地说：“为什么？”

“失败是成功之母。”爸爸回答道。

“这句话我听说过，但这有科学依据吗？”董栋继续问道。

“一个失败了的人，如果能够吸取经验，继续努力的话，你说是不是成功的胜算更大？！相反，如果你失去了再战斗的勇气，那就是真的失败了！”爸爸意味深长地说道。

每当董栋考试不理想的时候，爸爸就会明白地告诉他：“这一次的成绩只是暂时的，代表的只是你前一段时间学习的成果，如果你从今天开始好好学习，比之前更加努力，下次考试你肯定会比这次考得好。”

不得不说，董栋爸爸“输得起”理论，很值得我们学习和借鉴。

• 陪同孩子多参加一些集体活动

孩子在和同学朋友一起玩的过程中，往往会经历一些挫折和失败。这时候，父母不要大惊小怪，一味地训斥或者安慰。因为集体活动就是如此，不可能人人都会完美。而通过对自己和他人的审视，孩子会更好地认识自己，看到自己的缺点和别人的长处，意识到“天外有天”的道理。这样一来，他自然能够“输得起”，因为他知道自己还有进步的空间，下一次一定会做得更好！

总之，竞争总是伴随着成功和失败的，怎样正确对待输赢将直接影响到一个人的竞争行为，因此竞争最终将是意志力的较量。所谓输得起，不是让孩子真正地输，而是要培养孩子能正确认识输的内涵，让孩子能够扛得起输的压力，体验和克服困难，意志磨炼得更坚强，进而无惧竞争。

这是一件持久而艰巨的任务，需要父母有耐心和恒心。

Chapter 12
学霸，拼的不是智商，而是效率

在小学高年级，和时间赛跑，提高学习成绩势在必行。要解决这个问题，单纯靠挤时间是没用的。每个人一天只有24个小时，再怎么挤也有限，我们必须记住世界上有比时间更重要的东西：效率。当孩子学会怎样提高现有的时间利用效率，学习成绩是可以成倍提高的，提升的空间也很大。

学习时间也有“马太效应”

小畅是个很好学的六年级学生，学习成绩却不是很理想。眼看小升初之战已经开始了，除了老师在学校加紧督促之外，小畅妈妈也积极配合辅导工作。谁知，一段时间后小畅的成绩不升反降，而且性格也变得有些内向。这让老师有些焦急，连忙联系小畅妈妈，询问这段时间是否在积极辅导小畅的学习。

“老师，我真不知道该怎么办了？”小畅妈妈似乎有一肚子委屈，“为了让小畅能够好好学习，洗衣服、叠被子等这些家务活，我从来都不让她做，就是为了让她将全部时间用在学习上。现在，我晚上要安排小畅至少学习三小时，天天如此，我和她爸爸已经一个多月没有看电视了”。

对此，小畅也显得忧心忡忡：“妈妈，我把时间都用在了学习上，却依然学不好。我同桌明明每天比我学习的时间少，可是她的成绩比我还好。您说，我是不是一个笨孩子？”

小畅的问题究竟出在哪儿呢？想必很多人都很不解吧。对此，我们想用一句话解释：学习时间长短并不重要，重要的是效率。

在实际教育中，不少父母存在这样一个通病，总是希望孩子能够固定在书桌上认真学习，而且花在学习上的时间越多越好。孩子们学习时间越长，他们就会越欣慰。然而，学习时间也有“马太效应”。所谓“马太效应”，就是指强者愈强、弱者愈弱的现象，这种效应的显现在学习中随处可见。

仔细观察，我们就会发现，平日学习成绩本来就好，乐于学习的孩子，因为知识掌握熟练所以看书做题很轻松，每天有大量的时间可以再次分配，越有时间学，学得就越好。相反，为学习苦恼的人，因为看书做题都很痛苦，效率低下，只能越来越痛苦，学习成绩的“贫富差距”越拉越大。

人的精力是有限的，它就像是一根弹簧，有一个弹性限度。高强度的学习会让人身心疲倦、无法集中注意力、学习效率大幅度下降，那么这种效率上的差距只会更大。

在这里，提及教育界一个著名的研究：

研究人员将一群孩子放在教室内进行长达五个小时的学习，老师每隔一小时对孩子们的学习成果和学习态度进行检查。结果是：效率最高、学习态度最认真的通常是第一个小时。到了第二个小时，孩子们的注意力会稍微分散，所学习到的东西也逐步减少。第三个小时，许多知识只是形式般地从孩子们的大脑过一遍，真正记住的微乎其微。第四个小时和第五个小时，孩子们不仅什么都学不进去，学习态度也越发涣散。第二天，孩子们甚至想不起之前到底学了什么。

所以，抓紧孩子的学习是必须的，但时间上要讲究适度原则。千万不能不管孩子时间是否充足，精力是否充沛，主观上是否愿意，让孩子大搞“持久战”。

那么，具体如何避开学习时间上的“马太效应”呢？

• 别长时间连续学习，要劳逸结合

学习是个艰苦劳动的过程，要想保持清醒敏捷的头脑，最重要的一条就是劳逸结合。就像任何一个人都不能把所有时间都用于做事一样，任何一个学生也不能把所有时间都用于学习，一般不要连续学习超过两个小时，应该像学校的课时安排一样，学习一段时间应安排一点休息间隙，协调好学习和娱乐活动时间，进而以充沛的精力投入学习状态之中，才能大大提高学习效率。

孔子是我国古代伟大的教育家，被称为“万世师表”“至圣先师”，弟子三千，贤人七十二。孔子以及其弟子为何能取得显赫成就？除了他们不怕吃苦、勤奋好学之外，也在于在紧张的学习之余，他们时常在大自然中嬉戏，在河中游泳，在田野上唱歌跳舞，在玩中学，在学中玩，劳逸结合得好。

•不同科目交替学习，效率更高

有研究表明，当我们在学习不同的内容时，兴奋点会在大脑皮层的不同区域产生。比如学习语文时，它的兴奋点出现在大脑皮层的左边。学习英语时，它的兴奋点会产生在大脑皮层的右边。倘若长时间地学习同一项内容，就会给大脑皮层的神经细胞造成负担，出现厌倦和抵触等低效率的学习状态。

这就需要我们父母教会孩子一种新的学习方法——交替学习。所谓“交替法”是指在学习过程中各个学科之间的轮番交替学习，即在一定时间内，轮换学习（包括作题）各门学科，学完语文看科学，做完数学看英语等。不时变化学习内容，有助于“转换大脑的兴奋中心”，如此可使大脑得到充分休息，使注意力保持高强度、持久性的集中，增进大脑的工作效率，学习起来自然事半功倍。

所以，我们看到有的孩子学习十分刻苦，整日一本书翻不到头不罢休，分分秒秒都舍不得浪费，“三点半，连轴转，半顿饭”，日复一日，弄得筋疲力尽，结果效果甚微；而有些学生则不然，桌子上放着两三门学科的书，每隔一段时间就换换学习内容，看似没用多少功，却效果惊人，成绩突出。

只靠延长学习时间，就想取得好的学习效果，是难以奏效的。

给孩子布置家庭作业，是多一些好，还是少一些好？

孩子学习较长时间了，是鼓励他继续努力，还是提醒他休息比较好？

……

对于这些疑问，相信大家心中已有了答案。

要想学得好，查缺补漏不可少

自从女儿升入五年级后，婷婷妈妈就觉得每天都格外珍贵，她每天嘱咐女儿要多学新知识，争取考出好成绩。可是事与愿违，婷婷学习很刻苦，但是不得要领，死读书，不懂得举一反三，课上听懂了，但是课下做题一做就不会，不知道从何下手，甚至有一段时间出现了厌学的情绪。

这下，婷婷妈妈更着急了。通过一番观察，她发现婷婷之所以学习效率不高，在于平时只顾着学习新知识，而没有回头查漏补缺，如此就会出现知识点的纰漏。比如，一个基本的数学公式没有记牢固，结果凡是涉及这一公式的题，婷婷都会在这个地方“卡壳”，结果陷入“学习难”的深渊。

之后，妈妈开始尝试着教婷婷查漏补缺的学习方法。比如，学习一段时间后，引导她想一想哪些知识点自己还没有掌握，找出自己比较弱的方面，然后再对这些知识点及时进行弥补；每次写作业，让她必须自己先检查，看看有没有漏做、漏答的题目，必须确定无漏或补缺后才能交出去……

经过一段时间的学习，婷婷的成绩果然提升了，学习也越来越带劲。

企业界有一个知名的管理法则——“木桶效应”，即一只木桶盛水的多少，不取决于桶壁上最高的那块木板，而恰恰取决于桶壁上最短的那块，劣势决定优势。

学习也是如此，知识本身具有连续性和连贯性，各部分之间有着密切的内在联系，前面的概念尚未完全理解，就急于求成地往前赶，那么后面的课程就会学得很吃力。小知识点的遗漏，如不及时查漏补缺，必然会造成知识的盲区。所以，想要提高学习效率，首先就要学会查漏补缺。

其实，学习的难点不在于掌握了多少知识，而在于能否查漏补缺。所谓的“查漏补缺”，即要明确哪些方面是自己的弱项，哪些知识点掌握得还不够全面、熟练，还存在欠缺，然后针对这些问题，有计划、有步骤地加强复习。学得好不好，关键就看这些问题攻克了多少，漏洞填补了多少。

究竟该怎么查漏补缺呢？一般来说，有以下几种方法：

• 查的是基础，补的是知识点

准确、全面地理解和掌握每一个知识点，这是取得好成绩的前提和基础。如果对知识点理解不够准确，掌握不够全面，那么在运用时会显得力不从心。因此，父母要指导孩子根据课本的内容，对所有的知识点进行认真梳理，每一章节讲了多少知识点，每一个知识点要从哪几个方面掌握，都做到了然于心。

比如，学习五年级数学“因数与倍数”这一领域时，要对其中的每一个知识点“因数和倍数的含义”“找一个数的因数的方法”“找一个数的倍数的方法”“5的倍数的特征”“3的倍数的特征”等认真把握。这是学习的前提和基础，只有学好这些知识点，解题时才能灵活和综合运用。

• 查的是错题，补的是薄弱点

学习的每一个知识点都融于题目当中，所以做题是检验是否掌握知识点的重要手段。当孩子明白自己的薄弱点后，再进行补缺，那样学习才会扎实。

所以，父母最好让孩子准备一个专门用来记录错题的本子。把做错的原题在错题本上原原本本地抄写或剪贴在错题本上，记下错误的类型和原因，明确是答题失误，还是思维方法错误、知识错误、运算错误，可以依据错题程度画上不同的记号。如果此题有多种解题思路，可以把几种解法的简要思路写上。

千万不要怕麻烦，让孩子建立改错本不只是为了改正错题，更是让孩子很清楚地看到自己在知识点和题目中的漏洞。将这些容易错的知识点积累起来，作为前车之鉴避免再犯类似的错误，如此才能在稳扎稳打中提高成绩。可以说，改错本是查漏补缺最有用的工具，是任何资料都无法比拟的。

• 查的是问题，补的是惰性

在小学高年级阶段，各学科涉及的知识点会明显增多，而且考试时总是新旧知识点的交替考察。让孩子日复一日地进行查漏补缺，总会厌倦的。所以，无论老师还是父母要引导孩子在学习上高标准、严要求，尽量做到精益求精。这样，孩子就能克服自身的惰性，发现自己的问题，并及时弥补或修正。

只要孩子坚持查漏补缺，相信成绩一定会有所提高。

熬夜苦学一小时，不如清晨早起半小时

这学期林聪升入六年级了，因为有小升初的压力，课业负担也随之加重，妈妈便天天督促着他要争分夺秒地去学习，效仿古人“秉烛夜读”。就这样，林聪每晚熬夜学习，11点之前没睡过觉。一开始妈妈挺欣慰，但谁知这次小测林聪的名次居然下降了，这让妈妈既不解又懊恼，只好找到老师。

“老师，最近林聪每天熬夜学习，这么刻苦，按理说成绩该有所上升吧，怎么他不升反降呢？”林聪妈妈问道。

“林聪妈妈，熬夜苦读的做法并不可取。晚上熬夜必然会影响孩子的睡眠，孩子晚上睡不好，白天昏昏沉沉的，注意力难以集中，学习效率自然低下。”老师耐心地解释道。

“确实是这样的，”林聪在一旁说道，“有时熬夜学习时，我第二天在课堂上经常撑不住就睡过去了，上课的时候老师讲的重点也就错过了，很难掌握学习内容。最终，我不得不在晚上重新加班学习。”

一个恶性循环就是这样开始的。

在小学高年级阶段，时间绝对非常宝贵，不管是父母还是学生，很多都有这样的误区：认为不熬夜就是不刻苦、不努力。可是熬夜不仅影响睡眠，容易疲劳，也

会导致第二天上课精力不集中，反而得不到想要的结果，甚至成绩也可能会下降。可见，熬夜不等于刻苦，更不等于成功。

我们不止一次提及，学习这件事更加重视质量，学习效率远比学习时间更重要。父母与其抓住晚上的时间不放，不如着眼于提高孩子的学习效率。如何帮助孩子提高学习效率？这需要我们首先想清楚什么时候学习效率最高？什么时候是大脑最清醒时间？然后，每天充分利用这一最佳时间进行学习。

什么时候学习效率最高？什么时候是大脑最清醒时间？当然是清晨！

俗话说"一日之计在于晨"，早晨是孩子增长知识，探索知识奥秘的一个黄金时段，这是有科学依据的。人的大脑经过了一个夜晚充足的睡眠和休息，处于十分清醒的状态，思维十分敏捷，思路特别清晰。这时，人的理解能力和记忆能力最强。晨读一遍的效果，会比晚上读10遍都好。

熬夜苦学一小时，不如清晨早起半小时。所以，我们最应该陪孩子做的便是每天早起半小时。当然，早起不是目的，学习才是目的，如朗读几篇语文文章，背诵几个英语单词或短文等。如果孩子认真上好了这一节半小时学习课，相信他会获得意外的惊喜，也会取得更好的学习成绩！

下面是父母指导孩子之法：

• 陪孩子提前半小时起床

人都是有一定惰性的，而且小学生自制力比较差，需要督促，需要帮助和陪伴才能战胜贪睡恋床的坏习惯。因此，作为父母不要只当督察者，而要用行动来要求孩子，带动孩子。每天早上，如果爸爸或者妈妈，能够有一人陪同孩子一起提前半小时起床，将这半小时时间用来学习，那么，你的孩子会被你的这种晨学习惯所影响，也就乐意自己这么做了。

• 晨起学习的内容要丰富

晨起学习的内容最好是朗读与背诵，可以采用考纲的形式让孩子去读知识点、课文精彩片段，可以背诵重要的知识和名言名句、古诗、单词，也可以读笔记、读试卷、读错题。同时，也可让孩子学习一些课外读物，如学习了某古诗，可让孩子读一读与作者有关的诗。开阔孩子的眼界，启发孩子的智慧，增加孩子的阅历与见识，既可满足孩子的新奇感，又可激发孩子的求知欲。

•晨起学习的方法要多样

小学生都是比较喜欢新鲜的，晨起学习的时候，每天让孩子按同一模式进行，孩子难免会感到枯燥。所以，可以尝试一些新方法，多种方法轮流使用。比如，当孩子朗读课文时，父母可采用和孩子齐读的方法；给孩子买一些与学习有关的录音带、下载相关视频，让孩子跟着读，等等。多样的方法可以触发孩子的兴奋点，提高他们学习的积极性，进而对提高孩子学习效率大有益处。

•及时有效的反馈与补救

父母可以通过多种方法及时掌握孩子晨学的情况，如晨学后，可以让孩子自己谈一谈今天都读了些什么，有什么收获？可以采用当场提问形式，如果孩子今天背了古诗，那就考一考孩子，让他把古诗背诵一遍。这样我们就可以了解孩子是否适应这种学习模式，有没有需要改进的地方，并针对性进行补救。

切记，所谓“一曝十寒”，晨起学习的习惯贵在坚持。

佼佼者赢在先做最重要的事

徐然是个挺聪明的男孩，平时看上去也很努力，但一到考试时成绩就不理想。这让徐然和父母都很着急。即将面临升学考试，成绩至关重要，到底是什么原因让孩子成绩不理想呢？通过长时间的观察，徐然爸爸总算发现问题了——徐然每天都不停地练习模拟试题，而且复习时从来不会安排主次，有时很晚了他还没有复习完，到后来即便是坚持着也难免不在状态，而这时所复习的正是难点……

发现了徐然的这个学习弊端之后，爸爸开始着手帮他改善知识结构，安排学习次序，比如不要一味地练习做题，而要重点复习最关键的知识点。将最难的数学放在开始复习，相对轻松一些的放最后。即便没有复习完，也是一些无关痛痒的知识点。有了合理的安排，徐然的学习效率果然提高了很多，成绩也得到了很大程度的提升，这让他对接下来的小升初考试充满了信心。

在日常生活中，经常听到父母这样对孩子说：“你只要多做练习题，用功去学习，成绩肯定会提高的！”事实上真是如此吗？通过徐然的事例我们不难看出，不少孩子往往分不清学习的重点是什么，总想一下子把所有的内容都学会。这种追求面面俱到，却抓不住学习重点的做法，是造成孩子学习低效的一大原因。

对于孩子的这种情况，父母需要引起重视。怎样才能做到高效率学习？想要学

得好，学得轻松，就要把握好知识的重难点。“抓牛鼻子”就是一个形象的比喻。放牛的牧童和耕田的农夫都知道，牛有野性，而牛鼻子是牛身上最脆弱最怕疼的地方。当牛野性发作时，牵住牛鼻它就不会反抗。

我们做事的时候，常常会分个轻重缓急，这样才能用有限的时间和精力，把事情做好，将问题处理得圆满，这种主次分明的做法同样适用于孩子。因此，帮助和引导孩子合理安排学习，分清主次，让孩子知道什么是最重要的，学会抓住学习的关键，才能在学习中集中时间、精力于一点，将学习贯彻到底。

• 重在抓基础，画出重难点

小学高年级的学习任务重，考前时间短暂，一定要紧抓基础，牢记常规性的知识。小学阶段的主要学习任务是掌握基础知识和训练基础技能。因为千变万化的考题都是从课本上的知识点演变而来的。如果时间紧急的话，不妨引导孩子画出知识的重难点，将主要精力放在规律性的知识和老师的教学方法、解题思路上，复习时把主干知识和重点知识重新过一遍，加深记忆。

孩子们不懂得怎样安排对自己是最有利的，一开始可能不会筛选，很难做到完美。这时，父母就应该出面帮忙了，当然，我们不仅仅是告诉孩子什么是重点，更要让孩子理解怎样的知识才是比较重要的。这样孩子就会养成一种筛选的习惯，在学习前就会进行安排，将重点放在重要的知识上。

需要注意的是，考试中基础知识部分占的比重较大。父母可以鼓励孩子挑战难题，但更要引导孩子把重点放在掌握所学的基础知识上，不能占用太多时间备考大量的难题、偏题、怪题，更不要熬夜攻克难题。挑战难题不仅不会有结果，还会让孩子减分——因为孩子没有更多的时间去做那些本来可以拿分的题目。

• 资料无须多，精选是关键

为了提高孩子的学习成绩，保证孩子考取一个好中学，不少父母会给孩子准备各种各样的复习资料、辅导书，题目永远都是做不完的，很多孩子被“题海大战”弄得手忙脚乱——这是一种浪费时间的学习方法。父母需要考虑，在千辛万苦的过程中，我们用什么样的方法，才能最终达到目的。

其实，考试的内容漫无边际，出题的方式变化多端，但万变不离其宗，许多题其实都是一个定理或者一条规律的千变万化，因此资料无须多，精选即可，做题必须具有典型性和针对性。陪同孩子选择最精华的复习资料、辅导书，精选典型例题解读，精选练习题训练，才能帮助孩子巩固所学，发现不足，聚焦考点，解决难点，并逐步提高孩子的学习能力，自然能使学习事半功倍。

• 学科有薄弱，提升有选择

如果孩子今天计划做三张试卷，语文、英语、数学各一张，你会如何安排呢?

袁园明明复习很用功，可成绩还是上不去，十次考试有九次都是退步。眼看就要面临小升初考试，妈妈特地观察了一下他的复习方法，找到了问题所在。在语、数、外三门功课中，袁园的数学最好，英语最弱，可他却把三分之二的时间都用来复习数学，三分之一用来复习语文和英语。这种分不清主次的复习方式，怎么能考出好成绩。

妈妈问袁园："你为什么要把那么多时间花在复习数学上？"

袁园说："我想让数学分数考得再高点。"

对于袁园的做法，妈妈是不赞成的，因为袁园平时的数学分数都在95分以上，即使能考满分，也仅仅是高了5分。用三分之二的复习时间来提高5分，有些得不偿失，不如将时间放在复习英语和语文上，那么进步的分数绝对是5分的数倍。后来，妈妈建议袁园分清学科的薄弱，多复习语文和英语。

经过一段时间的考前复习，小升初考试中，袁园的数学仍然保持在90分以上，同时英语和语文成绩明显提升，他的班级名次也从二十几名冲进前十名。

先做提高空间最大的那门科目，确保孩子一直在做最重要的事情，实际上也就是确保了孩子的时间和精力一直在被高效地利用。

考前的时间都是争分夺秒的，高效率学习才会有高成果。总之，父母们要引导孩子把要做的事情按照重要程度和紧迫程序排列顺序，如此安排学习任务，可以保证把重要的事情都完成，把学习安排得井井有条，这样孩子就能快速掌握拥有的知识，优化知识结构，成为学习上的佼佼者。

复习与总结，一个都不能少

一向不喜欢学习的刘畅，学习成绩一直不算好，成绩从来没有进入过班级中上等。但自此升入五年级后，也就两三个月的时间，他的学习态度积极了很多，而且成绩有了一个很明显的提升，在期中考试中拿下了“进步优异奖”。这令很多人有些诧异，于是其他父母纷纷询问刘畅父母给孩子用了什么“灵丹妙药”。

刘畅妈妈说，孩子以前不愿意学习，经常说自己太笨了。但父母眼中没有笨孩子，刘畅的父母也是如此。他们观察一段时间后，发现刘畅成绩不好是因为平时不善总结，没把复习当回事。明明背诵得滚瓜烂熟的知识，过几天就忘得一干二净。这就跟没学到知识一样，学习成绩能好吗？

为了帮助刘畅走出这个困境，妈妈开始要求刘畅写作业时遵循以下的方法：温习一遍教材，对照一次笔记，复习一天所学，检查一遍作业，最后再总结学习方法。“开始的时候，刘畅很不乐意这样做，觉得有些麻烦，不过坚持了两三个月以后，效果出来了。他发现这种总结复习，对巩固所学知识十分有用，也有助于提高成绩。于是，他变得越来越主动，也不需要我的督促了。”

不少孩子时常遇到这种困扰，学过的东西就像过山车似的，在脑海里过一遍之后，没过多长时间就变得模模糊糊了。这种现象在学习中很常见，也很普遍。孩子每天都在接收新知识，诸多知识积累到一起，如果不及时“回味”的话，那么很快就会遗忘。这时，他们学到的知识，就是死的。

如何把死的知识变活？其实办法有很多种。效率最高的办法，就是如果学习内容少，周期不长的话，可以从头到尾复习一遍；而学习内容杂多，周期长，可以进行阶段性总结。如此，记忆就会重新回来，并且记得牢固，而且加深对知识点、重点和难点的理解和掌握，在通往高分的道路上少走弯路。

具体来说，父母可以按照以下几种方法引导孩子：

• 每天及时回忆课堂内容

对于小学生来说，学习知识的主要渠道来自老师的讲授。往往不是自己实践得来的知识，印象都不深刻，加之每天要上许多的课，且每天所学的知识也很多，这就导致有很多知识不及时重复学习的话，很快就会遗忘。因此，我们要引导孩子通过重温当天老师的课堂内容来巩固已学知识。

比如，不必让孩子每天急于完成书面作业，而是先重温当天的课堂内容，进行即时回顾和知识梳理，今天老师主要讲了什么问题？哪些是重点知识？老师是如何分析和解决问题的？……对每一堂课都要进行反思，并且做出初步的整理，把老师讲的知识刻印到自己的头脑中，之后再动笔。这样做的好处是，加深印象，强化记忆，作业完成得又快又好，而且知识掌握得很牢。

• 将已学的知识讲述出来

要了解孩子本单元学了些什么、每天学了些什么、本周学了些什么，并鼓励孩子把书本的长篇大论变成自己的口语讲述出来，这实际上也是他们整理自己思路、再次学习的一个过程。当他们能把知识给别人讲述完整时，才说明他们已经牢固掌握了这些知识。如果孩子讲述得不好，则应让孩子及时复习，不然，间隔的时间长一些，就会丢光了，学了也等于白学，考试成绩自然不会好。

• 多做一些总结性的题目

平时，孩子都把注意力集中到一段一段的学习上，不易掌握知识点的内在联系，就容易像狗熊掰玉米一样，一边掰一边丢。因此，当孩子学习了一个单元时，不妨给孩子出一些综合性的题目。让孩子自己在“回忆”的基础上，将有关知识串联起来，或列提纲、分类列表，或列结构框图等。

在做题过程中，孩子就可以整理学到的知识点，找出这些知识点的内在联系，弄清知识结构，找出内在联系。如此，不仅能让孩子学习的知识变得更全面系统，而且还能加深对知识的印象、锻炼自己的逻辑思维。这样一来，学习过程就会变得轻松简单，学习成绩自然也就能提升。

英国哲学家培根说过：“一切知识不过是记忆。”也就是说，一切知识都是通过变成记忆之后才能够运用的。通常学习都是“短时记忆”，只有经过不断复习和总结，才能变为“长时记忆”，快速灵活地运用到相对的题目中，这才可以说真正掌握了这个知识，把知识变成自己的本事。

计划是实现学习目标的“蓝图”

每逢学校放长假，琳琳妈总会给琳琳提前制订一个详细的假期学习计划，最初琳琳对此总是满腹怨言，也不肯好好去实行，还经常想方设法和妈妈“斗智斗勇”，于是有一次暑假琳琳妈表示不再给琳琳制订学习计划。

“啊，这次我可自由了，我要痛痛快快地玩几天”，琳琳举双手赞成。一放假，琳琳不是四处找朋友们玩耍，就是缠着爸爸妈妈去游乐场玩。这样好好玩了半个多月，琳琳才想起该学习了，却发现暑假作业那么多，需要学习的知识也那么多。就剩一周时间了，怎么办？琳琳翻翻这个，看看那个，不知道从何下手，只好东一榔头西一棒槌，结果累不说，学习效率也不高。

“妈妈，我不喜欢这种乱糟糟的感觉。”琳琳有些气急败坏地说。

“以前呢？你觉得怎么样？”琳琳妈追问。

“以前有学习计划的时候，我每次的学习都有条不紊，一点也不慌乱，学得也有效。”琳琳的哭腔中夹杂着一丝后悔。

“这，就是计划的好处。”

自此，琳琳就开始好好遵守学习计划，后来也学着自己去制订，学习成绩稳步提升。

古人云“凡事预则立，不预则废”，在人的生命进程中，计划是未来梦想的蓝图，是指引前进的方向，是最有力的鞭策力量。对于小学生的学习来说，更是如此。有些小学生之所以没有学习动力，学习上手忙脚乱、劳而无功，一直处于后进状态，缺乏计划性是一条重要原因。

学习计划和孩子的学习有什么关系呢？一些研究表明，完成同样的学习任务，学习计划明确的学习者比没有学习计划者动力足、热情高，还可以节省60%的时间。对此，有人还提出了一个非常形象的比喻：“没有计划的学习就像是饭后散步，而有明确计划的学习就像是运动会上赛跑。”

一个有计划的孩子知道自己如果多玩一个小时，多聊一个小时将会使计划的哪项任务完不成，而这项任务没完成又将会给整个学习带来什么影响。有了计划，每一步干什么都明确，不用费时间思考下一步干什么，也不用为决定下一步干什么而游移，显然，这能减少时间的浪费，提高学习效率。

因此，父母一定要陪同孩子尽早制订一个切实可行的学习计划，什么时间做什么事都讲究规律，进而提高学习效率，促进学习目标的实现。

一般来说，制订学习计划时，应从以下几个方面入手。

• 实事求是，从孩子的现状出发

有许多孩子制订学习计划时劲头很足，但执行起来却显得困难重重，那是因为他们的计划高于现实。正确的做法是，我们要根据孩子的实际情况来制订。那么，什么是实际情况，又该怎样去切合实际呢？

首先，要与各学科的教学情况、教学进度相配合；其次，实事求是地分析孩子的学习，明确孩子们的学习水平，从孩子实际掌握的知识出发。当然，也可以与孩子一起讨论，将最终的决定权交给孩子，这会让孩子觉得不是父母强迫自己，而且让孩子摸索出适合自己的方法，才是最有用的。

• 全面考虑，既要数量也要质量

高年级的小学生正处于生理、心理发育时期，需要思想、学习和身心等方面全面发展，除了学习时间外，还要兼顾多个方面，安排锻炼时间、睡眠时间、文化娱乐时间等。这样能使孩子劳逸结合，保持旺盛的精力，保证学习质量。许多孩子的计划总是重视学习时间，不重视学习的效果，所以容易导致有数量没有质量。

因此，制订学习计划时，父母可以引导孩子重视效果，学习有时，休憩有时，娱乐也有时，所有这些都要考虑到计划中。一旦形成了条件反射，该学习时能安心学习，该锻炼时能自觉去锻炼，该休息时能安心休息，所有这些都成了自觉行动，日久天长，良好的学习习惯就形成了。

• 不能呆板，要讲究灵活变通性

小学生的注意力本来就不太集中，很容易被外界的事物所影响，这就是理想的计划和实际学习生活之间的矛盾。因此，学习计划不能太过呆板，不要安排得太满、太死、太紧，要留出一定的余地，要有一定的灵活变通性，这样完成计划的可能性就增加了。

为此，我们可以给孩子设定检验的目标，经常检查一下学习效果如何，如自己是不是基本按计划做了；计划中的学习任务是否完成了；没完成的原因是什么，等等。通过检查，及时发现不合理的计划，及时调整计划或排除干扰，从而使计划更加切实可行。

• 坚持到底，坚持才能产生奇迹

学习是持久战，是一步一步跑出来的马拉松比赛，是从一砖一石开始累积起来的高楼大厦。任何学习计划刚执行起来都难免会遇到一些困难，一时看不到进步，此时有些孩子难免动摇、心焦。但如果制订了学习计划，却没有坚持下去，计划就会落空，也就失去了它本来的意义。

此时，父母要多多给予孩子奖励，排除一切困难和干扰，不要气馁、不要轻言放弃，并让孩子认识到学习是一个周期较长的过程，今天的努力是量的积累，早晚会引起质的飞跃。在实施计划时，孩子的意志品质越好，计划越容易实现，学习上的收获、进步也会与日俱增。

长跑要平均分配体力，盖楼要先有蓝图。同理，陪同孩子制订一个切实可行的计划，每天计划自己的学习和生活，合理安排自己的时间和精力，把自己调整到巅峰状态，孩子才能更有效率地学习，最终成为最棒的自己。